MW00805584

LETRAS MEXICANAS

La hora y la neblina

ALBERTO BLANCO

La hora
y la neblina

FONDO DE CULTURA ECONÓMICA

Primera edición, 2005

Blanco, Alberto
    La hora y la neblina / Alberto Blanco. — México : FCE, 2005
    592 p. ; 23×17 cm — (Colec. Letras Mexicanas)
    ISBN 968-16-7364-6

    1. Poesía mexicana — Siglo XXI 2. Literatura mexicana I. Ser
II. t

LC PQ7297   Dewey M861 B216h

Referencias bibliográficas de algunas de las obras aquí reunidas: *Pequeñas historias de misterio ilustradas,* en colaboración con el ilustrador Felipe Dávalos, Editorial La Máquina de Escribir, México, 1978. *Mario Rangel* (contiene diez *Pequeñas historias de misterio*), Galería Estela Shapiro, México, 1990. *El origen y la huella / The Origin and the Trace,* traducción de Julian Palley (*circa*), San Diego, 2000. *Más de este silencio,* libro de 40 haikús, con ilustraciones de Susana Sierra, Ediciones de El Ermitaño, México, 2001. *Quince volcanes* (contiene *Magma,* quince poemas que forman parte de *El libro de las piedras*), Vicente Rojo y Alberto Blanco, Impronta Editores, México, 2001. *Pequeñas historias de misterio,* ilustradas por Luis Mayo, Galería Estampa, Madrid, 2002. *El libro de las piedras,* Práctica Mortal, Conaculta, México, 2003. *Luna de hueso,* texto de Alberto Blanco e ilustraciones de Francisco Toledo, Alfaguara Infantil, México, 2003. *Medio cielo,* texto de Alberto Blanco e ilustraciones de Felipe Morales, Librería Grañén Porrúa y Artes de México, México, 2004.

Diseño de portada: Mauricio Gómez Morin
Grabado: Alberto Blanco

Comentarios y sugerencias: editor@fce.com.mx
www.fondodeculturaeconomica.com
Tel. (55)5227-4672 Fax (55)5227-4694

D. R. © 2005, Fondo de Cultura Económica
Carretera Picacho-Ajusco 227; 14200 México, D. F.

Se prohíbe la reproducción total o parcial de esta obra
—incluido el diseño tipográfico y de portada—,
sea cual fuere el medio, electrónico o mecánico,
sin el consentimiento por escrito del editor.

ISBN 968-16-7364-6

Impreso en México • *Printed in Mexico*

SUMARIO

Nota preliminar

La hora y la neblina es la segunda reunión de doce libros de poemas —la primera lleva por título *El corazón del instante*— que se publica en la colección de Letras Mexicanas. Como en el primer caso, los doce libros aquí reunidos conforman un libro mayor. Los poemas que ahora se recogen fueron escritos a lo largo de más de treinta años. El sentido y el orden con que hoy se publican no obedece a un criterio cronológico; no siguen el orden en el que fueron escritos ni el de las publicaciones previas. Se trata, como en el caso del primer volumen, de un ciclo completo de poemas. Un libro que —como quería Mallarmé—, compuesto de varios capítulos, es en verdad "un libro estructurado y premeditado, y no una mera recolección de fortuitos momentos de inspiración".

Sólo una cuarta parte de los doce libros —los doce capítulos— que forman *La hora y la neblina* ha sido publicada ya. Se reproducen ahora sin cambios ni correcciones, salvo en casos excepcionales que no hacen sino confirmar la regla. Los poemas que forman el resto de los libros o capítulos, si bien no habían sido publicados hasta ahora en forma de libro, sí han ido apareciendo en periódicos, antologías, catálogos y revistas, tanto en México como fuera del país. Aun así, *La hora y la neblina* contiene libros enteramente inéditos.

Por lo que toca a los poemas que tienen que ver con las artes visuales, vuelven a llevar inscritos en una apostilla los nombres de los pintores, escultores, grabadores, fotógrafos y ceramistas, en cuya obra se han inspirado o con cuya obra dialogan de muchas formas y en muchas formas, pues no se trata de poemas propiamente dedicados a estos artistas ni de reproducciones escritas de sus obras; son vasos comunicantes.

Otro tanto sucede con los poemas del octavo libro, inspirados en las obras de otros poetas, y que más que homenajes —como el título mismo del libro lo indica— se presentan como relámpagos paralelos.

Por lo que hace a los versos que aparecen de vez en cuando en letra cursiva, los he tomado prestados de otros poetas, y de sus orígenes doy fe en las notas al final del libro.

ALBERTO BLANCO

a cada instante

PEQUEÑAS HISTORIAS
DE MISTERIO

I. Liber inferni

LA ESTATUA Y EL GLOBERO

Voy caminando de noche por el Paseo de la Reforma. A lo lejos veo venir a un globero, solo, en el magnífico escenario. Las luces de neón le dan un aire helado a la vista. Al aproximarnos veo que se le suelta un globo de color rojo. Escapa y queda atrapado entre las altas ramas de los árboles, justo encima de la estatua de un general. Éste sostiene en la mano derecha un sable que brilla. Comienza a extender el brazo lentamente, lentamente, hasta que logra pinchar el globo. En vez de estallar, el globo se quiebra como si fuera de vidrio. El globero recoge los pedacitos luminosos. Me muestra un puñado: me veo reflejado con un rostro distinto en cada uno de ellos.

LA CUBETA DE AGUA

Entro en una tienda del Centro a comprar una cubeta. Las cubetas que me muestran son de cristal cortado y yo busco una de peltre. Estoy muy cansado, pues ya he recorrido todo el Centro y no he podido dar con la cubeta. Le pido a la cajera permiso para sentarme un rato en su sitio. Se levanta y me deja su lugar. El asiento está caliente, las monedas también. La caja registradora está hirviendo. Observo que todos se desabrochan el cuello de la camisa, sacan su pañuelo y terminan por salir a la calle medio asfixiados. Mientras estoy allí sentado veo que en una esquina hay una cubeta como la que quiero. Corro a tomarla, pero en el trayecto se derrite. Sólo llego a beber un trago de agua mineral.

LA TINA MUSICAL

Estoy sentado en un estadio comiendo papas. En la bolsa viene de regalo un animalito de plástico. A mí me toca un pato. Le pregunto al tipo que está sentado junto a mí qué animal le tocó. Me dice que le tocó un piano. Ríe al ver mi desconcierto. Me pregunta que si no sé qué es lo que están tocando; yo le digo que no sé. Me comenta que siempre se confunde entre Ravel y Debussy. Escondo las papas con mucho cuidado, pero el papel suena horriblemente. Toda la gente comienza a verme, y yo estrujando la bolsa que truena cada vez más fuerte. De pronto el telón se viene abajo, cae yeso del techo y entra agua por todas partes. Al poco rato flotamos dentro del estadio. Alrededor, enormes juguetes de hule.

EL COLLAR PERDIDO

Doy vuelta en la esquina y los alcanzo a ver varias calles adelante. El viento sopla de ellos hacia mí, de tal manera que no me escuchan por más que grito. Me gustaría que me ayudaran a buscar el collar. Lo más probable es que todas las cuentas se hayan soltado. Una corriente de agua baja por las calles, rodea los edificios y brilla. Me detengo a esperar hasta que la corriente pase. Observo en un escaparate que tengo enfrente a dos maniquíes que luchan. Son dos mujeres que pelean por un collar. Una de ellas es más grande que la otra. Le arranca el collar y lo arroja contra el vidrio azul: lo rompe y cae en la corriente. Todos los silbatos de las fábricas suenan. Después silencio y las calles mojadas, tranquilas, como después de la lluvia.

PUESTA DE SOL

Tengo los pies enterrados en la arena. Veo el mar delante como una lujosa charola de plata. Sobre mi cabeza cuelgan unos cocos. Empiezo a sentir que entra agua por debajo de la silla. En el horizonte se ve venir una ola inmensa. Desentierro los pies apresurado y quiero echar a correr. De las palmeras se desprenden los cocos y en la caída les brotan alas: pueden volar. La ola se acerca como una navaja descomunal de tonos rosados y verdes. La arena se me queda pegada en los pies y no me deja correr como quisiera. De repente recuerdo una pequeña caja de cerillos que traigo en la bolsa. Me detengo, saco uno y lo enciendo: la ola gigantesca se detiene al momento. El sol queda detrás y al trasluz puedo ver a los pájaros-peces flotando en la cortina de vidrio.

TAMBIÉN LOS ENANOS…

La cola de coches se extiende interminable. Subo los vidrios para no escuchar el barullo infernal. Observo los coches que me rodean y veo que en todos ellos no hay más que niños pequeños. Los niños patalean y lloriquean, y con las puntas de los dedos rayan los cristales. Se oye una explosión lejana… una nube de humo negro comienza a levantarse. Me doy cuenta de que todos los niños están fumando. El cigarro les da la apariencia de enanos. Pasa veloz una motocicleta y se estrella en mi puerta. Me bajo a reclamar pero no hay a quién. Ahora los coches están igualmente vacíos. Me percato de que hay un silencio sobrecogedor. Subo cautelosamente al camión para ponerlo en marcha; cuando meto la velocidad siento palpitar bajo mi mano la cabeza de una muñeca.

LA CASA DEL CARACOL

Hace tiempo que estamos empujando el coche y éste no arranca. El chofer se baja y dice que si movemos tanto el coche se puede romper la lámpara que trae. Como nadie quiere ver a la pobre Venus hecha añicos, comenzamos a balancear el auto suavemente. A mí me parece una cuna. Pienso que dentro de la casa hay un caracol. Llega una niña y me dice que si su hija le dijera que se iba a casar con un árbol, ella le diría que sí, que cómo no, y que también con algún caracol, si quisiera. Asoman unos cuernos por encima de la capota: comienza a llover. Corro mientras el agua me va haciendo flores en el saco. Me meto debajo de un árbol y me sacudo toda el agua. Me chupo los dedos: está lloviendo sal.

EL VIAJERO VALIENTE

Voy manejando un coche azul. Como llevo dentro tantas plantas, no puedo ver bien el camino. Fuera hay muchas más, así que mejor me detengo y espero a que oscurezca. En una curva estaciono el coche y me bajo, con tal suerte, que piso un animal justo al dar el primer paso. Siento cómo se quiebran los huesos, las articulaciones: las campanas frotadas. Este ruido me obsesiona. Empieza a tomar la forma de una melodía. De pronto reacciono: el asco y el temor de limpiar el zapato me paralizan. Prefiero quitármelo y salir de allí dando saltos. En la cuneta encuentro una lancha. Parece fácil remontar la pendiente, pero me faltan los remos.

LA MUJER DE LA COLINA

Hay una casa en la cima de la colina. Allí vive una mujer con sus gatos y sus perros. No vive sola: los animales siempre la acompañan. Voy a visitar a la mujer de la casa de la colina que está rodeada de grandes árboles y flores. Veo en el cielo completamente azul a las gaviotas dando vueltas alrededor de la casa. También veo un caballo blanco pastando delante del cielo, y un gato negro recostado en el alféizar de la ventana. El gato abre los ojos, se despereza, alarga sus miembros elásticos, y de pronto salta. No sé cómo, pero al dar el salto, el gato se desprende de su sombra que se queda pegada a los cristales de la ventana como si fuera una calcomanía. Hay una tenue estela de humo. La mujer de la colina escucha el chasquido de la sombra del gato y sale a abrir la puerta. Yo la saludo desde lejos.

EL HORNO Y LOS GATOS

Huele a galletas en la cocina. Toda la mesa está llena de harina. Con los dedos hago dibujos en la superficie blanca como si mi mano fuera una patinadora rusa en un lago congelado. En la calle hace frío y las ventanas están empañadas. Veo que en el cristal de una de ellas ha sido trazado un dibujo idéntico al que hice en la mesa azarosamente. Hasta ahora me doy cuenta de que la casa está sola y de que las galletas tienen forma de gato. El horno está prendido. Lo abro y veo que dentro se asa un árbol de la vida. Soplo con todas mis fuerzas tratando de apagar el fuego. Se levanta una humareda colosal y cuando se disipa veo que del otro lado de la ventanilla del horno un gato negro me mira.

LA VÍA LÁCTEA

La tienda está abierta a pesar de que es ya más de la media noche. Los focos se han quedado encendidos y se escuchan las regaderas. Quiero comprar leche. Me atiende una ancianita por una portezuela. Me pide que espere; desaparece y vuelve al rato con una llave. Me muestra la escalera que lleva a los baños. Subo y veo una serie de puertas por ambos lados del pasillo. Junto a cada una hay una repisa con embudos y entro. Prendo la luz del cuarto y apago la del corredor. Ya estoy cansado del tono verdoso de los focos. Está abierta la regadera: gotea leche. Entro con mi juego de embudos y lleno los frascos. A la distancia mugen las vacas hambrientas.

UNA PARTIDA ELEMENTAL

Estamos sentados debajo de un árbol jugando ajedrez. El rey ha corrido a refugiarse en la torre. En nombre de mi ejército le pido que se dé por vencido. La torre negra permanece muda. Mi oponente se ha quedado dormido con el vino y el calor. Cae un hueso sobre el tablero y tira al caballo. El tablero está dibujado en la contraportada de un libro de química. Las casillas se confunden con la tabla periódica. Comienzo a jugar solo, pero ya no con las piezas sino con los distintos elementos: plata, cobalto, mercurio, carbón… cae una semilla que se mete en la O del oxígeno. Empieza a crecer. Las ráfagas despiertan a mi adversario que no sabe qué está pasando y que repite medio dormido: ¡jaque al oro con el cloro! Le digo que nada podemos hacer para evitar que el oxígeno siga creciendo. En la copa del árbol cantan dos pájaros transparentes.

II. Liber purgatorii

GENERACIÓN ESPONTÁNEA

Hay un zumbido flotando alrededor de la casa. Quiero ir a ver de dónde viene, pero en la puerta ha crecido un árbol que no me deja salir. Mientras tanto, afuera se ha reunido una banda de ciegos que tocan desafinados y que al terminar su tanda se acercan a pedir dinero. Yo les digo que se han equivocado de lugar, y que el dinero se pide y se da en otra parte. Desconsolados recogen sus atriles y sus instrumentos. Luego doblan sus alas y las guardan con cuidado también. Arriba de mí tres pájaros discuten acaloradamente. Es evidente que ninguno está dispuesto a renunciar o a modificar sus opiniones. Y nada se ve más claro ahora que el halo de zumbidos que corona el horizonte.

LOS PESCADORES DE PARAGUAS

Hay un barco en ruinas varado en la arena. El mar es de color azul turquesa y el cielo es de color azul turquesa también. Por un boquete en el casco oxidado entran y salen los pescadores que vienen de bucear sin tanques de oxígeno. Parece que están pescando paraguas. Ya me habían dicho que en esta zona de la costa abunda la especie del paraguas negro. Los pescadores ponen a secar sobre la arena los paraguas que van sacando. Así forman dos largas hileras. Los paraguas se sacuden: las varillas tiemblan y la tela lustrosa se ve como si fuera una obsidiana viva, líquida, cristalizada bajo el sol.

LA CHISPA DE LA VIDA

El elevador cruje, arranca pesadamente y comenzamos a subir. De pronto me gritan que salte. Caigo en un piso donde están todos los autos azules. En semejante mar me es imposible dar con el mío. Recuerdo que dejé un par de zapatos de charol en el parabrisas, por lo que me voy fijando en los cristales de todos los coches. Veo que en un auto hay un par de zapatos: unos tenis blancos. Es tal mi desesperación que me hago a la idea de haber traído unos tenis. Meto la llave en la puerta y salta una chispa que se queda prendida en mi chaleco. Levanto el cofre del auto y trato, infructuosamente, de sacar agua del radiador. Al momento aparece una niña con una calabaza llena de agua. Con el dedo índice salpica mi chaleco y la chispa se apaga. La niña sonríe: no tiene dientes. Me doy cuenta de que tiene piel de iguana. Me da de comer sopa de calabaza.

LOS DOS CHINOS

Voy caminando por una de esas calles que en el centro de la ciudad pueden considerarse como el barrio chino. Dos chinos platican animados desde las puertas de sus respectivas tiendas de ropa. Uno de ellos habla de las ciudades del futuro que ve en ruinas, y con asombro se imagina los incomprensibles edificios ya cubiertos de vegetación: árboles, helechos y palmas brotan de los espacios sabiamente diseñados, pero inaccesibles. El otro chino, en cambio, no habla más que de las viejas ciudades: grandes arcos de piedra que a estas alturas no sostienen ya más que a la inmensa bóveda del cielo. Alrededor de un templo en ruinas se ve una manada de elefantes que yace allí en completo silencio. Todos los elefantes están despiertos y adornados con piedras preciosas y telas bordadas. Los dos chinos terminan de platicar y se quedan observando los templos que edifican lentamente las nubes entre los rascacielos. Fuman pipas de bambú. Yo también los veo.

RECETAS DE DOCTOR

Allí en el patio hay una bicicleta. La miro desde lejos y observo que tiene un foco: es un faro nuevo, cromado, donde brilla el sol más que en ninguna parte. De la casa sale un conejo. Se detiene junto a la bicicleta y con los dientes le saca el aire a la llanta delantera. Para darle gusto al médico que habla dentro de la casa, el conejo le saca también el aire a la llanta trasera. La casa está llena de agua. Lo puedo ver a través de la puerta y las ventanas abiertas. El médico hace burbujas al hablar. Alguien que toca la armónica hace más burbujas que el médico. De pronto me doy cuenta de que yo también hago burbujas, pero sin tener que hablar. Las burbujas se elevan, bailan y crecen hasta llegar a donde está el conejo que pacientemente se las come.

CLARO DE LUNA

El gran salón está vacío. Lo recorro acariciando con la punta de los dedos los fieltros verdes de las mesas de billar. Vestido de blanco me siento como una nube en medio de un prado de pasto artificial. No veo a nadie para preguntar por el baile. Creo que el baile será allí, y creo que debe ser algo nuevo que se baila entre las mesas. Como nadie llega, tomo tres bolas de billar y un taco, y tiro: la bola blanca sale despedida con una tremenda fuerza, le pega a la bola roja, salta y rompe un vidrio. Por el cristal roto una corriente comienza a succionar todo como una inmensa aspiradora; como si algo desde fuera estuviera haciendo un vacío. La tela de las mesas se desprende, las cortinas vuelan hechas pedazos, y todos los tacos y las bolas saltan y rompen los demás vidrios. Hasta ahora me doy cuenta de que vamos en un barco. Subo a cubierta, y veo que allí todo es calma. Por fin doy con la elegante fiesta que ofrece el capitán a la luz de la luna.

EL BLUES DEL TINACO

Estoy sentado junto a los tinacos en la azotea de la casa. El sonido que hace el agua dentro de los tinacos se extiende en mi cabeza y hace juego con el crujir de los cacahuates que me estoy comiendo. Tengo el radio encendido y están tocando *Summertime*. Siento cómo los cacahuates están flotando dentro de una gruta, sobre la superficie brillante, ondulosa, de un blues. El agua corre, las barcas se retiran y veo resplandecer al fondo de la caverna una luz azul muy clara. Me acerco en la barca usando los brazos como si fueran remos y veo que al fondo de la cueva hay un puente tendido entre dos rocas de color cobrizo. Me aproximo más: toco el puente y éste gira. Se oye un estallido de agua y siento presión en los oídos. Sobre la superficie de la bóveda turquesa alcanzo a ver tres llaves pintadas de color rojo oscuro, un anuncio de cerveza y una ristra de perlas de sudor en el tinaco.

LARGA DISTANCIA

Traigo un montón de piedras para hablar por teléfono. Busco la sección amarilla, la burbuja de oro para hablar con ella. Llego a una esquina y veo que el capullo de la caseta telefónica se ha caído y que está descolgada la bocina. Me apresuro a tomar la llamada. Asombrado me doy cuenta de que la llamada es para mí. Del otro lado se escuchan unos golpes muy fuertes de martillo y una voz de mujer que grita desesperadamente tratando de darse a entender. De seguro están tirando la casa en donde se halla, pues se escucha el crujir de los muros y se puede sentir que toda la construcción se viene abajo. El piso donde estoy parado luce una cuarteadura muy profunda. Levanto la cabeza y veo que todos los árboles de la avenida han sido derribados. La burbuja de plástico se está derritiendo. Meto los dedos: es pura miel. Me siento a comer triste en la banqueta mientras la bocina se balancea.

EL RETORNO DEL DÍA

Se escuchan cornos a lo lejos. El día es claro, las nubes blancas, y dos largas hileras de árboles flanquean la entrada. Me detengo a observar sus copas. Descubro entonces que en la corteza del árbol más cercano se ha formado un bajorrelieve. La escena es la de un cortejo de caza: un grupo de arqueros y una jauría. Y mientras la observo pasa un enorme coche negro. El coche luce en el cofre un arquero de plata. De pronto me percato de que se ha hecho de noche. Llega un perro negro y se para junto a mí. Sus ojos son como dos medias lunas que me miran con sentimiento: viene muy mal herido. Trae una flecha enterrada en un flanco. Le saco la flecha con mucho cuidado y la herida brilla como una sonrisa. Es de día nuevamente.

ENTREGA INMEDIATA

El cuarto está en penumbra. Por la ventana se mira el cielo azul oscuro y la silueta negra de los árboles que bailan en el viento: se acaba de meter el sol. Dejo en el sillón el libro y me levanto. Contemplo el arreglo casi geométrico de las siluetas. Observando con cuidado descubro que las nubes también tienen cierto ritmo geométrico, pero en tonos plateados. De pronto tocan a la puerta. Abro. Es una mujer que me trae una carta. Rompo el sobre y saco una tarjeta en la que viene impresa una foto. En ella se puede ver un paisaje idéntico al que se ve por mi ventana. Abro la tarjeta para ver si trae algo escrito en su interior y, para mi sorpresa, encuentro un espejo: mis cejas son los árboles, mi pelo las nubes, mi boca es la hierba y mis ojos la ventana.

RÍO DE PASCUA

Estoy sentado junto a un río. Del otro lado se extiende un prado blandamente interrumpido por algunas vacas que pastan sin prisa. Tomo una piedra y la tiro al río. En lugar de caer en la corriente y salpicar un poco, la piedra rebota en una superficie dura, como si fuera de vidrio, produciendo un sonido metálico al contacto. El río está congelado pero fluye transparente. Me acerco a observar y veo que la corriente lleva muchas cosas: unos cuchillos, unas rebanadas de pan, un mantel de cuadros blancos y rojos, una casa, un árbol, un hombre que observa un río… de pronto las vacas se acercan y comienzan a mugir. Llegan al río y beben sin problema. Junto a mí, medio cubierta por la arena, descubro una enorme cabeza de Pascua.

EL JARDÍN DE LAS ESFERAS

Estoy regando el jardín. Con el pulgar dirijo el chorro de agua a donde me place. Lo hago caer justo dentro de la corola de un blanco alcatraz. De su interior sale volando un animal negro. Alcanzo a ver que en el lomo trae grabado un escudo amarillo que parece de metal. Pienso que tal vez el insecto estaba depositando huevecillos en el fondo del cáliz. Me acerco al alcatraz y, en efecto, descubro que hay allí una gran cantidad de pequeñas esferas de cobre. Las tomo y hago con ellas un letrero en la pared aprovechando que tiene un recubrimiento fresco. Escribo: "Todos los animales de la mente". Mientras me alejo para apreciar el letrero, una bandada de pájaros baja a picotear los huevecillos hasta dejar solamente los huecos.

III. Liber paradisi

LA TECLA MILAGROSA

Mi máquina de escribir escribe sola… sin embargo, con el tiempo se ha ido acumulando algo de polvo y un poco de basura en el fondo: forman bolitas y se reúnen a discutir. Hablan de todo. Por ejemplo: de las teclas coronadas de números; pero, sobre todo, de la que es diferente a todas: la tecla inicial. Y es que basta percutir esta tecla para que al instante suceda un fenómeno singular: todas las partículas de polvo se forman en limpias hileras para desfilar solemnemente fuera de la máquina. Claro que esto sólo sucede cuando la hoja de papel se encuentra absolutamente en blanco. Si ya hay algo escrito en el papel o tiene alguna mancha, por pequeña que ésta sea, la tecla milagrosa sólo escribe: "polvo eres…"

FILÓSOFO DE CABECERA

Hace mucho calor y me encamino hacia los árboles en busca de su sombra y un poco de agua. Bajo las frondas floridas dormita a sus anchas un filósofo desnudo en un barril. Aunque no recuerdo bien la historia, sé que el personaje me resulta conocido. Tal vez lo encontré hace años en un cuento. O tal vez es la primera vez que lo veo, pero, por alguna extrañísima razón me resulta familiar. Me acerco al filósofo y le pregunto si ha visto pasar por allí a mi sombra. El filósofo apenas si se da por aludido. Un cuervo pasa volando por encima de su cabeza. Ahora me doy cuenta de que tiene los ojos transparentes.

LA RAÍZ DEL PROBLEMA

Creo que la raíz del problema está en el sueño. Debajo de la higuera no estoy completamente seguro. Busco un poco de luz. Mientras hago patos de sombra con las manos veo que, rodeado de nubes, pasa flotando un viejito desnudo. Los ángeles que lo acompañan se sientan a descansar. Una ráfaga de viento sacude la copa de la higuera. Cae un higo maduro entre mis manos. Lo deposito con delicadeza en el cojín. El viejo le dice al fruto que él se llama "La semilla de los dones". El fruto le responde que él se llama "El inicio de la historia". Mientras el diálogo continúa veo que comienza a abrirse una fisura en la bóveda celeste. Cae un poco de pintura. Los patos de sombra salen volando por la grieta. Los ángeles discuten en voz alta a mis espaldas. El paisaje es cada vez más blanco.

¿TE ACUERDAS DEL PARAÍSO?

Estoy trepado en la barda del jardín. Allí, al otro lado, están las piedras de la fundación, luego los árboles con flores y más allá las montañas calladas. Me prendo bien de las hiedras para no caerme. En una esquina del jardín hay una pareja que discute acaloradamente. No logran ponerse de acuerdo a raíz de la expulsión. De pronto ella comienza a quitarse la ropa. Al rato él hace lo mismo sin dejar de hablar. Sin embargo, poco a poco se van quedando callados, como las montañas. Se sientan en la tierra y juntan hojas secas para hacer una fogata. Encima de las tenues llamas se forma un óvalo de luces diminutas. Esperan a que estén doradas. Después las juntan todas y se las reparten. Él guarda las que le corresponden para sembrarlas más tarde. Ella hace con las suyas un collar. Yo silbo una tonada a la distancia.

ADÁN NO DESESPERA

Entro a un almacén a buscar un poco de barro para hacer una escultura. En lugar de ser la tienda de un alfarero resulta que se trata de una mercería donde venden ropa íntima para damas. Me detengo a admirar los delicados diseños de los encajes. Se acerca una joven muy bella y me pregunta si estoy buscando algo en especial. Le digo que sí, pero que no sé qué es lo que estoy buscando. Ella me dice con mucha seguridad que conoce la respuesta. Me pide que espere y se pierde al otro lado del mostrador. Después de un buen rato no aguanto más y me asomo detrás del mostrador pero no veo a nadie. Al fondo de la bodega brilla una luz… entro. Súbitamente una nube de mariposas inunda toda la nave. Comprendo que todavía estoy dormido y que al despertar he de dar con la mujer soñada junto a mí.

EVA HACE LO SUYO

Hay un árbol inmenso en medio del jardín. Me recuesto a la sombra de su fronda. Estoy triste pero no sé por qué. El viento sacude las ramas y algunas hojas secas caen. Mientras van descendiendo murmuran una vieja canción de amor. Alcanzo a recordar vagamente unas cuantas frases inconexas. En vano busco el título de la canción. De pronto descubro que allí, al pie del árbol, hay un par de marionetas tiradas. Se trata de un ángel y un diablo… sin duda alguna los despojos de una fiesta infantil. Ambas marionetas están entrelazadas. Para olvidar mi pena trato de desenredar la trama de las dos figuras, pero en lugar de avanzar en la tarea, veo que se complica cada vez más. Tras forcejear sin éxito con la urdimbre me doy por vencido y me vuelvo a recostar pensando en ella. Por entre las ramas se filtran unos rayos de luz.

HILANDO SUEÑOS

Estoy en una enorme fábrica de ropa. Largas filas de costureras y sus respectivas máquinas de coser se pierden en el fondo del galerón. Hay cintas de colores y botones regados por todas partes. Reina en el lugar un silencio casi absoluto… lo único que se escucha es un minucioso rumor de gotas de agua multiplicado en fuentes de plata. El sonido es tan fino y tan armonioso que me dan ganas de llorar. Todas las máquinas de coser están hilando una melodía acuática bellísima que me conmueve hasta los sueños. Veo que casi todas las costureras están llorando, pero no interrumpen por ello su labor. Grandes ventanales dejan pasar el polvo de las horas, los días, las estaciones. Pero aquí dentro no hay tiempo. Sólo el canto sin fin de las agujas y una que otra estrella revoloteando alrededor.

MESA DE NOCHE

Apago la luz de la lámpara sobre el buró. El foco se disuelve en la oscuridad. Pienso en una gota de leche que se absorbe en la taza del café. Pienso en una lágrima que cae sobre la tierra negra. Pienso en un campo de tréboles. Cierro los ojos y no hay diferencia: sigo viendo el mismo campo de tréboles. En el verdor una niña que recoge flores blancas: hace con ellas un ramo. Seguramente un regalo muy especial. Es la hora del crepúsculo. El sol es un limón oxidado como en las pinturas de Van Gogh. La niña pone las flores junto al sol. Una deliciosa corriente de calor invade el cuarto. Me incorporo y enciendo la luz: allí, en el cajón de la mesa de noche, está la pequeña dormida. Su sonrisa me da a entender lo que está soñando bajo la frazada de tréboles.

EL MAGO Y SUS INSTRUMENTOS

Cierro la puerta y me froto las manos. Ya todos los preparativos están listos. Allí están el pájaro azul, la música de las esferas y la flor de oro. Sin embargo, tengo la sensación de que algo ha quedado pendiente. Como no puedo recordar qué es, voy a recoger mi saco y decido no preocuparme más. De pronto escucho el murmullo ensordecedor de una mariposa que me pide auxilio. Me mira implorante con sus ojos pintados de polvo sobre las alas. La desdichada está marchita en una jaula de palabras. No sé cómo he podido olvidarme de ella, si es la atracción principal. Necesito el as escondido en la manga para liberarla: saco un silencio absoluto del sombrero y la jaula se disuelve como por arte de magia. Las luces se encienden y es de día. La función va a comenzar.

NÚMERO ECUESTRE

Siempre son extraños los lunes por la mañana. Abro la puerta del armario y recorro con la vista las camisas de todos colores. Busco una de cuadros blancos y negros. No está. Tal vez no se lava todavía. Veo que en un rincón del mueble hay un resplandor. Sí, allí en la soledad oscura del armario hay un caballito de juguete iluminado por dentro. Está perfectamente enjaezado. Un manto de estrellas le cubre el lomo. Las estrellas cintilan al trasluz. Me meto al armario, cierro la puerta y me acurruco en una esquina para contemplar el inesperado espectáculo. El caballo da vueltas haciendo toda clase de suertes: se para en los cascos traseros, gira sobre sí mismo, hace ochos en la pista, dobla las patas delanteras para dar las gracias. Deslumbrado, salgo al fin y veo que ya es de noche. Me asomo a la ventana y descubro en el cielo una nueva constelación en forma de carrusel.

PERSONAJE AUSENTE

Me quito la camisa verde y la dejo en la silla. Ha sido un largo día… mientras me lavo las manos comienzan a crecer plantas en mi camisa. Brotan de los bolsillos, las mangas, los ojales, se enredan en la silla y echan raíces debajo de la alfombra. Me seco muy bien las manos y quiero regresar a la habitación pero no puedo. Una maleza increíble ha cubierto ya la recámara por completo. Comienzo a contar hasta cien sin perder la concentración: inhalo, exhalo, inhalo, exhalo… noventa y ocho… entrecierro los ojos… noventa y nueve… ya casi llego… ¡cien! Al instante descubro el cuarto que ha quedado totalmente despejado y, volando alrededor de la camisa, un enjambre de mariposas que forman números en el aire. La camisa ha cambiado de color: ahora es azul cielo. Me pregunto de quién será esta prenda. Voy por ella.

LECCIÓN DE VUELO

Voy al parque a darles de comer a los pájaros. Llevo una bolsa llena de pedazos de pan. Pronto se forma a mi alrededor un circo sonoro. En medio del barullo hay un pájaro grande y negro que calla. Le lanzo un buen trozo de pan. Lo toma delicadamente con el pico y se remonta a las más altas ramas de los árboles. Hasta allá arriba hay un nido con un huevo de oro. Deposita el pan en el nido y se queda montando guardia. Es obvio que se trata de una ofrenda. Los demás pájaros no se dan por enterados y siguen comiendo. Sé que el cuervo tiene hambre, pero sé también que no va a abandonar su custodia para bajar por alimento. Siento pena, solidaridad y admiración por él… todo al mismo tiempo. De pronto, sin pensarlo, casi sin darme cuenta, comienzo a elevarme suave, silenciosamente. Le doy de comer al cuervo semillas de embeleso.

POEMAS VISTOS
Y ANTIPAISAJES

POEMA VISTO
EN UNA MAZORCA

Los granos del maíz
son nuestra vida,
la hoja del elote
es nuestra mortaja,
y el tallo de la mazorca
es nuestra patria.

POEMA VISTO
EN UN RELOJ
DE ARENA

¿Qué es el paisaje visto
en un reloj de arena
si no el canto del tiempo
que se vuelve una queja…
un anhelo infinito
dando forma a su pena?

POEMA VISTO
EN UN NOTICIERO
DE TELEVISIÓN

Nuestros sentimientos
son como los sismógrafos:

No registran los temblores
cuando están muy cerca

Y sí, en cambio,
          perfectamente
                  los más lejanos.

POEMA VISTO
EN LAS NUBES
DESDE UN AVIÓN

Pasan los rebaños de nubes
y sus lentos mapas de sombra a la distancia
—follaje púrpura entre flores blancas—
nadando todas en la misma dirección.

¿A dónde van las nubes?
Parecieran tener algún propósito…
¿O son como nosotros —simplemente—
seres luminosos que vienen y van?

POEMA VISTO
AL HACER ANTESALA

El cristal verde
de un garrafón de agua
que refresca la oficina
es más terso en el fondo
que en el vacío superior.

La yuca y su corona
de lenguas verdes
es mucho más rica
en las arduas puntas
que en el tallo doblado.

Los extremos son
la boca de las cosas.

POEMA VISTO
AL PRENDER UN FOCO

Prender un foco
en una habitación a oscuras
y ver los objetos
anclados en su sombra,
es un solo acto,
único e indivisible.

Esto no es una opinión.

Querer una vida de placer
sin el dolor y el miedo
que inevitablemente
lo acompañan,

es igual que querer
una habitación iluminada
donde los objetos
no tengan sombra.

Y esto tampoco es una opinión.

POEMA VISTO
AL HERVIR EL AGUA

Ya está hirviendo el agua
y el chorro de vapor
nos lo confirma.

La causa
de la evaporación
es el fuego de la estufa.

Dicen que la meditación
es como el proceso
de hervir el agua:

Hace falta calor
para llegar a meditar;
se necesita mucha energía.

Si quitamos la tapa del recipiente
el agua se tarda más en hervir.
Es una cuestión de presiones.

Sucede lo mismo con la meditación:
todo lo que nos vuela la tapa,
la dificulta, la retrasa.

POEMA VISTO
EN UNA PLUMA ATÓMICA

¡Cómo salen palabras de mi boca!
¡Cómo cantan al tacto del papel!
¡Cómo brotan sin yo mismo
saber qué es lo que digo!

Vienen de dentro
pero no las conozco.

Es como si alguien
las dijera a través de mí.

Como si alguien más
en este momento me pensara.

Yo conozco esa sensación
de ser una presencia en otro cuerpo...

Y conozco también el vacío
que sigue a las palabras.

Pero sin el contacto humano
que enciende mi escritura
no tengo explicación
ni sentido alguno.

Sólo soy quien soy
mientras escribo.

POEMA VISTO
EN EL VIADUCTO

Cuando remodelaron el Viaducto
sembraron árboles al por mayor
en las zonas libres de circulación.

Un arbolito junto a otro.

Al año siguiente,
algunos arbolillos
comenzaron a despuntar
mientras que otros tardaron
un poco más en echar brotes nuevos.

Hoy en día —tres años después—
puedo ver que los árboles
que primero respondieron,
son árboles jóvenes ya
y en pleno crecimiento.

Los que tardaron un poco más
se han quedado enanos, raquíticos
a la sombra de los primeros.

¿Con cuántos seres humanos
no sucede lo mismo?

Un pequeño retraso a la hora buena
y una vida se pierde para siempre.

POEMA VISTO
AL RASCARME UN OJO

A últimas fechas me sucede
—particularmente por las noches—
que siento una terrible comezón
en la comisura de los ojos.

¡Qué ganas de rascarme
y sentir ese alivio momentáneo
de una buena tallada al lacrimal!

Sin embargo,
sé por experiencia propia
que es una mala práctica:
el ojo se irrita más aún
y se entra en un círculo vicioso.

He visto que lo mismo sucede
con muchos deseos.

Pareciera imperioso
el alivio de los sentidos,
y sin embargo,
resulta ser una mala táctica.

Muchas veces es preferible
aguantar un momento
y dejar pasar la comezón.

Pero no siempre.

POEMA VISTO
EN EL TEATRO

Comienza la sesión:
los cuatro poetas que hemos sido elegidos
para dar lectura esta noche a nuestros poemas
estamos allí, debajo de los reflectores,
con el auditorio callado en la penumbra.

Mientras fluyen los versos
recorro con mi vista el escenario…
recorro el primer piso
que se encuentra completamente lleno;
luego el segundo, que está ocupado a medias;
y finalmente el tercer nivel:
está vacío. O casi…

Alcanzo a distinguir,
allá a lo lejos,
una silueta borrosa
en la soledad de las alturas.

Y en medio de los aplausos
y los potentes reflectores,
siento de pronto, con dos corazones
en un mismo pecho,
que la poesía en este instante
sigue viva, secreta, pura…
palpitando
en la oscuridad de la gayola.

POEMA VISTO
AL HERVIR LA LECHE

Un cielo blanco,
una luna líquida,
un hueso de algodón:
la leche sin hervir
es una sola cosa.

Pero si la ponemos a hervir
entra en acción el fuego…

Se verifican primero
cambios físicos
—fácilmente observables—
y luego cambios químicos
que ya no son tan fáciles de ver.

El resultado a final de cuentas
es que una parte de la leche
se separa: sube, flota…

Cuando la leche se enfría
nos quedan dos componentes:

La leche líquida y la nata.
Y no se mezclan.

Antes eran una sola cosa.
Ahora ya son dos.

Siguen siendo lo mismo,
pero ya son dos.

Principio de la creación,
de la lucha y el drama:

Lo que antes era uno
—fuego mediante—
es ahora dos.

POEMA VISTO
EN UNA HOJA DE LAUREL

En medio del plato,
entre el sol brillante
de mantequilla derretida,
la luz veraniega del queso,
la pasta de trigo otoñal
y el primer invierno del vino blanco,
se desprendió del calendario
de los diez mil seres
y las diez mil horas
una hoja de laurel
para venirme a decir:

"No soy menos que tú…"

Un punto de verdura
bajo un cielo
de porcelana
en el jardín nevado;

Un punto de frescura
en un mundo
despiadado
que se muere de sed;

Una chispa de esmeraldas
recogidas al sesgo
de una vida doblada

bajo la mala paga,
la vejez incierta
y las contradicciones;

Una ventana abierta
al misterio de la lengua
en la honda oscuridad
de nosotros mismos
que, a pesar de todo,
paladeamos la dicha.

POEMA VISTO
AL MOJARME LOS PIES

Para alcanzar el camión
tuve que correr en medio de la tormenta.

No sólo me mojó la lluvia
que caía estrepitosamente,
sino que los enormes charcos
que punteaban con sus anuncios
luminosos de cabeza
la calle oscura del centro
dejaron empapados
mis zapatos chinos de tela.

Como me lo temía,
pocas horas después
ya tenía yo encima
un fuerte dolor de garganta.

¡Cómo es posible
que los pies mojados
den lugar a una infección
en la garganta!

Quién sabe…
pero así es.

Todo está conectado.

Esto lo sabemos.
Si bien, poco sabemos
de cómo está todo conectado.

Por eso resulta tan absurdo
pensar que la tala del Amazonas
en nada nos concierne;
o que la matanza de los borregos
cimarrones en Baja California
en lo más mínimo altera
nuestra cómoda vida diaria;
o que el suicidio colectivo
de las ballenas y los delfines
es tan sólo una farsa de la naturaleza…

Un golpe del destino que —en todo caso—
nada tiene que ver con nuestra felicidad.

POEMA VISTO
AL SOLDAR UN TUBO

Para encontrar la causa
de los mares de salitre
que adornan el techo de la cocina
con sus caprichosas costas
es necesario descubrir los tubos
del baño y la lavandería.

No hay otra alternativa:
hay que quitar los muebles
y romper los mosaicos
y observar.

De pronto… ¡allí está!
El origen de la humedad
al fondo de una grieta
en un tubo picado por los años:
un viejo registro de plomo
cansado de trabajar.

Pero por más cuidado que ponemos
en el manejo del cincel y del martillo,
la tubería frágil y escondida
no ofrece garantías…

Y más tardamos en descubrir
la causa de la humedad
que en brincar el chisguete nuevo
desde un tubo de cobre herido.

Una nueva fuente de humedad.

Pareciera que la labor es interminable,
pero no es así…
pronto soldamos el tubo viejo
y el tubo nuevo lastimado por error.

Sucede lo mismo con las palabras.
Por más diestros que seamos en su manejo
para penetrar la superficie de las cosas
y llegar al origen de un problema,
nunca falta un descuido, un exceso
impensado de fuerza
que hiere la vena sensible.

A restañar. No hay de otra.

Si la casa existe, y existe el tubo
y la soldadura y el buen soldador,
no tarda el orden en ser restablecido.

POEMA VISTO
EN UN BOTÓN
RECIÉN COSIDO

Me puse el chaleco nuevo
y, a punto de salir a dar clases
me di cuenta de que a la prenda
se le estaba cayendo un botón.

Mari, la mujer que trabaja
en la casa de mis amigos
se ofreció de inmediato a coserlo.

Le dejé el chaleco a esta buena mujer
que, sin recompensa alguna,
puso manos a la obra.

Para cuando volví en la noche
rendido después de un larguísimo día
de trabajo en la escuela
(hablar y hablar y hablar…
y responder a la interminable
ristra de preguntas…
con la sensación de no hacer nada
más que pensar…)
encontré el chaleco
esperándome al pie de la escalera
con el botón en su lugar.

Hoy me pongo de nuevo
el chaleco nuevo y descubro
—con sorpresa y alegría— que Mari
cosió el botón cóncavo al revés.

No digo nada.
Sólo sonrío y acaricio
el otro lado del botón.

Sé que si abriera la boca
ella correría a buscar hilo y aguja
para cambiar el botón
y me ofrecería de inmediato
no deseadas ni pedidas disculpas.

Quiero que se quede así
el botón alrevesado:
en su órbita mínima
es la presencia viva
de una mano, un gesto
de amor frente al vacío…
la luz de un alma vieja.

II. Antipaisajes

ANTIPAISAJE

El tiempo es tan corto
entre el amanecer y la noche
que no hay mediodía
en este bosque de concreto.

BIENVENIDO

Existe una tendencia
en casi todo el mundo
a limpiarse los zapatos
en todo aquello que dice:

BIENVENIDO

TARDE LLUVIOSA

Los días pasan tristes
como una lluvia extraviada
que no puede cantar
ni emprender el vuelo
y que se ha quedado a vivir
bajo el alero en la ventana.

EL CAMIÓN DE LA BASURA

La vida es dura para todos
—me dice mi madre.

Sí —le digo yo—
pero sinceramente creo
que es más dura para esos pobres
que van metidos hasta las orejas
en el camión de la basura.

PATRIA SONORA

Que no falten
el martillo y el cincel;

Que no falten
los camiones y los autos;

Que no falten
los perros ladradores;

Si no te gusta el ruido
es que no eres mexicano.

MÁS QUE UN ANTIPAISAJE

¿De dónde vienen tantos,
tantos muertos?
Ostentando los atributos
de animales distintos…

amando la escoria
y la excrecencia de la mente,
lo innecesario viendo
y no la perfección.

LA SÉPTIMA BOTELLA

De las siete botellas de vino
prefiero la que no compramos,
la que no descorchamos nunca,
la que jamás nos bebimos…

La que nos embriagó serenamente
con la bondad de su ausencia
y nos dejó volver a casa temprano
en la ilusión renovada de la amistad.

FESTINA LENTE

Amanecer glorioso:
corona de luz tras la ventana.
Cintas de oro rojo
festonean los volcanes
con su ola violeta
y su sombra ultramarina.

Domingo, siete de la mañana:
mi hora favorita de la semana.

LA LÍNEA

Y justo cuando
　　yo ya me había
　　　　decidido a decirte

que estamos juntos,
　　que no hay límites,
　　　　que somos un solo ser…

Se escucha esa voz:
　　"La línea está ocupada,
　　　　¿gusta usted esperar?"

CUANDO LA LUNA SUEÑA

Polvo de oro
de la ciudad vigilante:
un orden de belleza
que es casi imposible
de aguantar.

Ascuas heladas
de la ciudad dormida:
un orden de explotación
que es casi imposible
de tolerar.

LAS GANAS DE CREER

Vuelve la noche
y no escucho el ruido.

Me quiero concentrar
y sólo sueño, sueño…

Mis sueños son
polvo en el camino.

Sombras de sombras
mientras no son reales.

Y yo sólo quiero
la realidad…

Éste es mi sueño.

DESPUÉS DE LOS SIETE NOS

Un sí que parece una solución
pero que visto con cuidado
es tan sólo un espejismo:

Como un regalo caído del cielo
que ya visto y apreciado de cerca
resulta que no es la tierra prometida…

No es el regalo de la amistad;
no es el maná del fin del desierto;
no es la semilla de una lluvia de oro;

no es una moneda bien grabada y limpia;
no es licor de la Virgen recién cristalizada…

Es sólo mierda de pájaro.

UN SUEÑO DEL LENGUAJE

Nada de lo que digo
es sólo un sueño
del lenguaje;

También existe
el que sueña
este lenguaje.

Y, por si fuera poco,
el que lo escucha
y lo comprende.

Nada de lo que digo
es sólo un sueño
del lenguaje.

Porque aquí estás tú.

RADIOGRAFÍA

Ir el viernes por la noche al cine
a ver una película de aventuras
es confirmar que no hay acción
ni misterio en nuestras vidas.

Ir al Museo de Arte Moderno
el sábado por la mañana
es reconocer que vivimos
sin creatividad ni belleza.

Ir el sábado por la noche
a una fiesta a buscar calor
es admitir que estamos solos.

Asistir a la iglesia el domingo
es confesar que brilla
por su ausencia el Creador.

AÑO NUEVO SIN POEMA

Si tuviera que escribir un poema
sobre esta madrugada gris de año nuevo
poco tendría que decir.

Es cierto que el viento sopla,
levanta las hojas y mueve las nubes…
es cierto también que está a punto de amanecer.

Pero estas observaciones
—por demás evidentes—
no hacen un poema.

Tal vez habría que inventar algo
—mentir, embellecer, exagerar—
pero eso tampoco hace un poema.

Mejor dejar el año que comienza así: gris
con viento, a punto de amanecer
y sin poema.

PRIMER DÍA EN LA VIDA

Se abre la puerta
y comienza el milagro.
Se abre la puerta y entra la luz.

Buenos cuartos sombreados.
Mal mundo allá afuera.

Todo esto es tontería…

El árbol bueno
da buenos frutos.
El árbol malo no existe.

La hierba crece,
la música de los metales
rasga la atmósfera citadina
y el agua corre por las tuberías.

Nada sabemos del futuro.

Se abre la puerta y amanece:
comienza siempre la vida.

LLUVIAS

Lluvia del amanecer:
una estación de la melancolía.

Lluvia de la mañana:
árboles plateados
a espaldas del cielo.

Lluvia del mediodía:
la más justa.

Lluvia de las cuatro de la tarde:
sentimientos encontrados…
¿seguir o volver a casa?

Lluvia del crepúsculo:
deja la puerta entreabierta
para que pasen las estrellas
sin ser vistas.

Lluvia de noche:
medias de seda
y luces apagadas.

ALLÍ TAMBIÉN ESTÁS TÚ

Aquí estoy
en mi cuarto a oscuras:
son las doce de la noche
y no tengo sueño.
Quería hacer el amor con mi mujer
pero ella se quedó dormida
sobre la colcha de la cama
rendida por el cansancio.
Dos niños, una casa que atender,
un largo día…
Está bien —me digo—
no importa.
Hay música dulce en la radio
y música todavía más dulce
entre las hojas del liquidámbar.

Haré el amor con la noche
inmensa y estrellada.
Allí también estás tú.

ESPACIO VIVO

Aquí vivo.
Entre estas cuatro orillas vivo.
Éste es mi espacio, mi refugio,
mi medio, mi herramienta.

¿A dónde he de ir ahora?
¿Acaso hay algo más
que esta página en blanco
de mi vida?

Aquí te ves
y aquí te veo,
una vez más, lector.
Aquí se da el encuentro.

¿Hay algo más para ti
—por el momento—
que esta página
que el destino nos ofrece?

Entre estas cuatro esquinas
hemos de confirmar lo que somos:
¡hilos de luz en la neblina!

EL UNIFORME

Quisiera que en este instante
tú también pudieras verlo:

Como si fuera un viajero
recién llegado a la vida,
pero sin esas insignias
y sin esos lentes negros
que en su tiniebla confunden
la vendimia de la luz
con la luz de la vendimia.

Quisiera que en este instante
tú también pudieras verlo:

Como un hombre
y no como un uniforme;
un hombre de carne y hueso
desamparado y al arbitrio
de los vientos contrarios
en los cruceros del día.

Un ser que sufre
sin nombre y sin condición
las contradicciones flagrantes de la vida.

LA LEY ES LA LEY

Dejé mi poema estacionado en doble fila.
Ya no había lugar cuando llegué.
Y es que ya se sabe que nunca falta
alguien que sea más viejo que uno
—o más listo o menos escrupuloso—
ni tampoco falta quién quiera madrugar.

Mientras tanto él se quedó allí, echadito
muy quieto en medio de la llovizna.
Menos mal que no se lo llevó la grúa
ni levantaron una infracción.
Y es que realmente es muy difícil
sacarle dinero a un poema.

LOS ÁNGELES INCONFORMES

Entre un cambio de luces
y un cambio de disfraz
bajo el cielo estrellado
escucho a las sirenas
de la noche citadina.

Casi no se puede creer…

Entre el dolor que crece,
la basura que se junta
y las vidas que pasan
desconsoladamente

Las sirenas
no dejan un momento
de cantar.

GRACIAS
POR ESPERAR
SU TURNO

No importa lo que dé,
no es nunca suficiente;
las lágrimas a la distancia
no me dejarán mentir.

Éste es mi patrimonio:
una polvareda de palabras.

No importa que ya no
me ponga por delante:
la cola es inmensa
y todos tenemos que sufrir.

Éste es mi patrimonio:
ni menor ni más grande
que lo que tú habrás de legar
a tus hijos algún día.

EL ÁNGEL DE LA CREACIÓN

No puedo más...
con la boca llena de palabras
sólo alcanzo a decir:
"éste es mi nombre".

Soy un hombre
perdido, encontrado...
¡Qué horror!

Perdido entre esta orilla
y la otra:
entre la palabra
que tengo en la punta
de la pluma
y aquella otra
que no encuentro
y que no diré jamás.

LIQUIDÁMBAR

Estoy aquí
—un liquidámbar—
frente a la puesta de sol,
alto, grande, erguido
en el medio cielo de mi vida:
verde por un lado
y amarillo por el otro.

Mis raíces beben
la humedad del subsuelo;
mis ramas son
el reposo de las aves;
mi copa crece
y se mece lentamente
al ritmo de cada estación.

Estoy aquí de pie
esperando a que llegue la noche
a punto de reverdecer.

Estoy llorando hojas secas.

LOS ABUELOS

Todavía
—es increíble—
escucho en el viento
que agita las ramas
del árbol de mi vida
la voz de mis abuelos…
el frío de sus montañas
y el calor de su desierto.

"Somos nosotros,
hijo, escúchanos,
somos nosotros…
en otro espacio,
a través de otra luz,
con otra voz
y en otro cuerpo.

"Somos nosotros
que nos regocijamos
con cada uno de tus hallazgos,
con la belleza de tu mujer
y con la brillantez de tus hijos…

"Somos nosotros
que nos entristecemos
con todos tus tropiezos
y que nos morimos de la risa
con tus vanos intentos
por ser inmortal."

EL ACECHO

I

Lo siento en la noche
cuando la luz de la lámpara se enfría
y cómo el humo blanco
de una fogata de ramas olorosas
se disuelve en el aire oscuro…

Tan sólo queda un halo
flotando delante de mis ojos
que lentamente se evapora…
¡La espuma de mi suerte!
¡El oro de mis días!

II

Lo siento en la noche,
en la hora incierta que vuela
hacia otro mar más blanco,
hacia un mar de plata viva
que extiende sus olas como redes
para atrapar mi ensueño…

En la realidad de cada cosa,
en los pliegues de las cortinas,
en la ropa vencida por la rutina de su peso,
en los tímidos reflejos de unos lentes,
en las líneas de un libro cerrado,
en los puntos luminosos del reloj…

III

Lo siento en la noche
y en su estrategia fría:

Es el acecho —lo sé—
el acecho de mi propia vida.

LA MÚSICA Y LA SOMBRA

I

En la rosada noche citadina
una luna palpita con doble luz.

II

Terrenos baldíos,
cañón de oscuridad,
paredes raídas por el eco…

Un rascacielos nos contempla
con la malicia de quien se sabe
dueño de tanto ser y tanto sueño.

III

Hay que volver los ojos a la calle
para entender la forma del desvelo
por más que la distancia menosprecie
la sorprendente oxidación de los colores.

IV

Amor mental, violín del tiempo,
nadie puede tocar este instrumento
si las cuerdas que faltan ya están locas.

V

Nadie puede ocultar la mano y la ceniza,
las máquinas vaporosas del deseo
florecidas al puro son del tacto
sin ser la flor misma de la codicia
que mirando a los ojos se aferra al cielo.

VI

Pues nosotros mismos construimos
la escenografía de la desgracia y el encanto:

Estos tonos dictados por el viento
al ojo fiel y a la veneración que escucha.

VII

La noche está madura, el sol está cerrado,
y la ciudad se acurruca bajo las nubes.

Entre los vanos inciertos de los edificios
las ventanas son sólo una estela de humo...

En las calles ateridas de este invierno
las sombras se refugian unas en otras

Y con las sirenas rojizas se disipa
el penúltimo rastro del dolor.

POEMAS TRAÍDOS DEL SUEÑO

EMBLEMA

(Primer fragmento traído del sueño
a fines de mayo de 1971, México)

Y yo que todavía creo en la posibilidad
de aparecer en el horizonte
de todos los momentos
en que has estado
sola

EL AMOR

(5-6 de octubre de 1982, México)

Sólo el amor
abre las cerraduras

Te lo digo yo
que he manejado
de ida y vuelta
por la carretera
de tu corazón

EL OXÍGENO DEL EXILIO

(6 de enero de 1984, México)

Y después de borrar
las huellas del estanque
se ha sentado aquí —vencedor—
por las uvas de abril

Y después de abrir
los ojos de la manzana
se ha tendido aquí —soñador—
encendiendo el quinqué

YA ES HORA

(Febrero de 1986, México)

Ya es hora
de tomar el cincel
para labrar la piedra

Ya es hora
de tomar el pincel
para pintar la hiedra

SUEÑO EN UNA ESTACIÓN
DE TRENES AL AMANECER

(18 de febrero de 1988, Valle de Bravo)

Estoy en una estación
a bordo de un tren

Camino de carro en carro
de puerta en puerta

Paso gabinetes y fuelles
ventanas encendidas

Pero al poco tiempo
ya no hay ventanas

No hay fuelles ni carros
no hay tren ni estación

Sólo la luna dormida
sólo el cielo y la tierra

Y las blancas estrellas
que iluminan este poema

LA PRECIOSA MATERIA

(8 de agosto de 1988, México)

Te di la luz
te di las amapolas
y el potro sedicioso
del recuerdo

Te di mi soledad
y la ballesta azul
del mar ensimismado
en nuestros cuerpos

EL RESCATE

(15-16 de marzo de 1989, México)

Así como lo has hecho
—hasta ahora—
hablas sólo muerte

Nada más
la expresión
de tus afectos
podrá rescatarte

PUNTOS DE VISTA

(Primavera de 1990, México)

Para manejar un cometa
tienes que estar abajo

Para manejar un caballo
tienes que estar arriba

Para manejar un auto
tienes que estar adentro

Para manejar un conflicto
tienes que estar afuera

HAIKÚ TRAÍDO DEL SUEÑO

(15-16 de mayo de 1991, Irvine)

Cuervos en vuelo
manojo de papeles
carbonizados

EL SUEÑO

(18 de abril de 1992, México)

El sueño
es un sueño
que sueña alguien
que sueña
que está soñando
un sueño

LUNA LLENA

(Febrero de 1993, Providence, R. I.)

Cuarto con un espejo
de cuerpo completo
cuarto con luna llena

DOS ANHELOS

(4-5 de abril de 1993, Cuernavaca)

Los dos leopardos
se convirtieron de pronto
en una flor encendida

porque allí
donde se juntan dos anhelos
nace un manantial

FLOR Y FRUTO

(Mayo de 1993, Cuernavaca)

El deseo
es la flor del aburrimiento

El aburrimiento
es el fruto del deseo

A más juego
más fuego

A menos otros
menos nosotros

EL SER HUMANO

(Mayo de 1994, El Paso, Texas)

El ser humano es como una araña

Es capaz de afrontar
todas las adversidades
—el viento, la lluvia, el sol—
con tal de atrapar una mosca

Sólo que el ser humano
también es la mosca

COPLAS SOÑADAS

(21 de marzo de 1995, El Paso, Texas)

Agua, fuego, tierra
tierra, fuego, agua
la luz de Cananea
la luz de Tlalpujahua

Cada noche se crea
cada día se acaba
el cobre en Cananea
y el oro en Tlalpujahua

SÍ Y NO

(2 de mayo de 1995, El Paso, Texas)

Me lo dice el viento
todos los caminos
son contradictorios

El pájaro y el cielo raso
el cielo y la raíz del monte
el monte y la pasión de Dios

¡Sí y no! ¡Sí y no! ¡Sí y no!

SUEÑO

(20-21 de enero de 1996, El Paso, Texas)

El final no es el principio
ni el principio es el final

Porque nunca son lo mismo
aunque no están separados

Despertaremos a la vida
despertaremos a la muerte

El principio es el principio
y el final es el final

EN BUSCA DE LA MUJER PERFECTA

(14-15 de febrero de 1996, Oakland)

"Busca", tal vez,
no es la palabra

y "perfecta" no es,
tal vez, el adjetivo

mujer, tal vez
tú no me entiendes

pero llevo 45 años
—16 000 mañanas—
persiguiendo una estrella
en el fondo del mar

LA POESÍA

(28 de mayo de 1996, El Paso, Texas)

La poesía es un camino
que tiene corazón
porque el corazón
es un camino
que tiene poesía

VARIACIONES
DE UN POEMA
EN EL SUEÑO

(Verano de 1996, México)

El aire tiene su ruido
su música y su silencio
como un clavel escondido
entre las alas del viento

POEMA TRAÍDO DEL SUEÑO

(28-29 de noviembre de 1996, México)

Por lo que toca a la aguja
no dejes que se desplome
en su entusiasmo

Por lo que toca a la cabeza
no dejes de crecer
en su estatura

LOS DOS

(27-28 de diciembre de 1996, México)

No me dirás
los árboles pintados

Ni volverán a ser
las madrugadas frías

Somos los dos
más hondos que el océano
más largos que la muerte
más cortos que la vida

CUARTETA TRAÍDA DEL SUEÑO

(21-22 de enero de 1997, México)

La vida se parece tanto al sueño
que a veces es difícil distinguir
si lo que ya soñamos es vivir
o lo que ya vivimos es un sueño

ANATOMÍA DEL SUEÑO

(30 de junio-1 de julio de 1997, México)

Un universo

Un planeta rotundo

Un país vertebral
en cuyo lomo

Una ciudad boreal
cuyo cabello
ni siquiera puedo
acariciar

CUARTETA TRAÍDA DEL SUEÑO

(1-2 de noviembre de 1997, Bellagio)

¿Cómo llegaron los ojos a la roca?
Llegaron con el cangrejo labrador
pudieron haber llegado hasta los bosques
pero lo pensó mejor

¿QUO VADIS?

(Primavera de 1998, San Diego)

¿Por qué tomar el camino más largo
si podemos seguir el más corto?

¿Por qué tomar el camino más corto
si podemos seguir el más largo?

¿Por qué tomar el camino?

¿Por qué no seguir el camino?

Las preguntas *son* el camino

DIOS

(5 de junio de 1998, México)

Dios es la velocidad
con la que me alejo
de mí mismo

DE RÍOS Y DE ARROYOS

(7-8 de agosto de 1998, México)

Cada vez que se empieza
hablando de ríos
no llega uno más allá del río

Cada vez que se empieza
hablando de arroyos
uno acaba inevitablemente en el mar

CANTO

(14 de marzo de 1999, México)

Canta el alto sol
de los días quemados
y la veleta azul
de los días por venir

HAIKÚ TRAÍDO DEL SUEÑO

(13-14 de septiembre de 1999, Dublín, Irlanda)

Pájaro viejo
tan sólo el canto
puede salvarte

PUNTO Y RAYA

(29 de septiembre de 1999, México)

Dijo que en la naturaleza
todo era un punto
o bien una raya

Con la única excepción
de la mantarraya
y la ballena

EL INFINITO

(24 de diciembre de 1999, Ruidoso, Nuevo México)

Se parece al suelo
bajo nuestros pies

Se parece al agua
corriendo por las tuberías

Se parece al sabor de la nieve
o al calor del arroz

Pero no es distinto de ellos

HAIKÚ PARISINO

(28 de julio del 2000, París)

Está lloviendo
entre más de dos mundos
la tierra es real

¿Y NOSOTROS?

(22 de julio de 2001, México)

Los instintos nos dicen
que debemos actuar
instintivamente

La compasión nos dice
que debemos actuar
compasivamente

La inteligencia nos dice
que debemos actuar
inteligentemente

Y nosotros…
¿qué decimos nosotros
en realidad?

EL SOL

(13 de julio de 2002, Barcelona)

El sol
no sale
cuando nosotros
queremos

El sol
sólo sale
cuando
nos queremos

LOS QUE SE HAN IDO

(2 de septiembre de 2002, México)

Corazones
quedos, quietos
echados a dormir
bajo la lluvia

COSMOGONÍA

(11-12 de septiembre de 2002, México)

El mundo
es la huella
de la ausencia
de la Divinidad

La luz
es su perfume

El tiempo
es su sombra

EL UMBRAL

(18 de diciembre de 2002, México)

El misterio
de la puerta
no está adentro
ni está afuera

Solamente
puede estar
un momento
en el umbral

El misterio
del poema
no está dentro
ni está fuera

Fugazmente
viene a estar
un instante
en este umbral

A VUELO DE PÁJARO

(28 de enero de 2003, México)

A vuelo de pájaro
rejuvenece el centro de la noche

¿Dónde están las palabras
que me permitirán cantar
semejantes maravillas?

A vuelo de pájaro
penetro el centro de la noche

Y encuentro las palabras
mientras mi mujer escancia
las últimas gotas de vino

LA ESPERANZA

(12 de mayo de 2003, México)

La esperanza
es un mensaje
amarrado a un globo
que un niño
por descuido
ha dejado escapar al cielo
en el parque
de mi insomnio

UN ÁRBOL PASA

(28 de junio de 2003, México)

Un árbol tose, agítase
y erupta

¿Puede concebirse un gesto
más gratuito
más pleno de vida
—sí, de vida vida, señores—
que éste?

Por la calle una árbol pasa
con las hojas llenas de lágrimas
tose, agítase…
recuerda

PRIMAVERA DE NERUDA
EN TEMUCO

(21 de marzo de 2004, Temuco, Chile)

Somos un canto picado
somos el zinc y la rosa
somos la luz que reposa
en el filo del tejado

PAISAJES EN EL OÍDO

I. Paisajes en el oído

EL HUMO DE LA MÚSICA

For those who love
Time is eternity

It's a Beautiful Day

I

Allí estaba ella, sola,
tratando de descifrar
los mapas del salitre
en la pared del baño,
la trama descolorida
de las viejas cortinas
y los días que faltaban
para volver a casa.

Allí estaba ella,
con la cabeza llena
de vapores de sándalo
los ojos entreabiertos,
los párpados pesados
de sombras más que azules,
casi violetas, invitando
a los pliegues de la noche

a consumar las nupcias
de la llama del espíritu
y el humo de la música.

Una almendra dorada
que en medio de la oscuridad
dejó manar de su centro
una canción inolvidable
de notas altísimas
junto al tocador:

It's a little bit funny
This feeling inside…

II

Aquella primera y última noche
zarparon barcos de plata oscura,
desfilaron los animales del mundo
azorados delante de nuestros ojos
y con la luna fría y el corazón caliente
se hicieron muy pronto un humo de amor.

"Suelta las amarras —me dijo ella—
que vienen tiempos mejores
para tu pobre corazón."

Pero era necesario ir todavía más lejos…
buscarle ese filo amable a la vida
que pudiese ofrecer al fin
un halo de bondad.

Ella me llevó entonces de la mano al mar
que palpita en el interior de una nuez
hasta la casa de espejos de la infancia
para dejarme de pie delante de mí mismo,

y algo me murmuró dulcemente al oído
que provocó en mí una epifanía:

And in the end the love you take
Is equal to the love you make.

LAS TARDES DOMINICALES

> *All I've got*
> *Is this sunny afternoon*
>
> RAY DAVIES, *The Kinks*

Las dulces tardes del otoño se marchitan…
¿Qué podríamos decirle a los amigos
que no supieran ya?

¿Que mi alma se ha trenzado
con el mundo para siempre?

Eso ya lo saben…
lo han sabido siempre.

¿Y qué podría decirle
a mis viejos padres?

¿Que el viento llega y se va
y que es silencioso, a veces,
y a veces ruge y es furioso,
y que otras veces ni siquiera
se le siente llegar?

Eso lo saben también.

¿Y qué podría decir de mi vida
al Creador, a los Dioses,
a lo desconocido,
al misterio de lo abstracto?

¿Que me sentí un rey
destronado en la primavera?

¿Que me sentí un paria
en el verano
y un poco de oro en el otoño
y que nada sé —todavía—
del invierno?

Yo soñaba, sin duda,
con la gran obra,
los amores locos
los poemas perfectos…

Y lo que encontré en cambio
estaba muy cerca de ser una mentira…

Pero supe reírme delante del espejo
cuando aún no cumplía los veinte años.

Y que nadie diga
—por favor—
que ésa fue la edad
del eterno esplendor
o que éstos fueron
pensamientos de viejo.

CAMINOS DE N. Y.

I'll be your mirror, reflect what you are
In case you don't know
I'll be the wind, the rain and the sunset
The light on your door.

LOU REED, *Velvet Underground*

N. Y.
no escucho el eco
de las cajas fuertes
bajo tus nubes plateadas
pero soy uno con mi mujer

N. Y.
no alcanzo a peinar
la cabellera ensortijada
que se agita en el viento
de todas tus ambiciones

N. Y.
no entiendo tu juego
ni comprendo la prisa
pero al fin encuentro alivio
en la trenza de oro

N. Y.
no es que seas distinta
ni mejor ni peor
que mi vieja ciudad
enmudecida

N. Y.
es sólo que tú
te has convertido

en la estatua acabada
del tiempo en que vivimos

N. Y.
es que a final de cuentas
todo es una cuestión
de energía
y a ti te sobra

N. Y.
te has convertido
en la cifra exacta
de tu propia profecía
sonriendo ante el desastre

N. Y.
te has dado el precio
justo en el mercado
inimaginable
de la imaginación

FOI NA CRUZ

Dream on
'Till you can dream no more
For all our grand plans, babe
Will be dreams forever more

NICK CAVE

Cierras los ojos
respiras hondo
suspiras
pones las manos
debajo de la almohada

distribuyes el peso
de tu cabeza
entre tus manos
y de tu cuerpo
en la cama
y pretendes dormir

Quieres soñar
con una cruz
que en vez de ser alzada
pudiera servir de base
para una buena mesa
donde los amigos
se reunieran a cenar
alegremente
pan y vino

Pero el sueño no viene
pero el sueño no viene
pero el sueño de la cruz
no viene fácilmente

A pesar de los suspiros
y cambios de posición
te mantienes despierto
queriendo soñar
el sueño de la cruz
el sueño de la mesa
con los ojos cerrados
y las manos cruzadas
debajo de la almohada

FIEBRE Y DOLOR

Smellin' like a brewery
Lookin' like a tramp
Ain't got a quarter
Got a postage stamp

TOM WAITS

Mira, Chinaski,
allí están
los pobres viejos
preocupados
por la renta de mañana
dientes picados
hemorroides
un foco fundido

imaginándose
que tienen
que tomar
decisiones
tan importantes
como para justificar
al menos una úlcera

pensando que son
inmortales

como si las señales de tránsito
las taquerías
y la tele
fueran a estar aquí
por siempre

aquí / allí
dónde

como si los calcetines sucios
la tristeza
la fiebre
y el dolor en las articulaciones
no fueran suficientes

ATOM HEART MOTHER

Clouds of sunlight floating by
Oh Mother, tell me more
Tell me more…

SYD BARRETT, *Pink Floyd*

Aunque decimos todos
que el mundo no es real
ordeñamos alegremente
a la vaca del mundo
y mientras lo hacemos
le cantamos al oído:

"La canción no es nada
si no es una resurrección…
el tiempo es una gota de jade,
una montaña de alfalfa,
una espiga de oro…
y tu muerte no es
sino un prerrequisito
para que el pasto crezca".

(Tal vez el mundo exterior
no es más que un jeroglífico del alma
y las penas de amor son, acaso,
lo más dulce que hay)

"No es cierto, no es cierto
—responde en silencio la vaca inmensa—
la melodía de los poetas
es música de mentiras...
y las imágenes de los poetas
son sólo pasteles pintados...
nada hay más dulce que mi leche:
única y verdadera poesía."

LÁGRIMAS DE COCODRILO

Oh You Pretty Things
Don't you know you're driving your
Mamas and Papas insane

DAVID BOWIE

Desde el tardío amanecer
después de que las sombras
borrasen el mediodía, hasta
las últimas horas de la mañana,
al final de una prolongada cacería
de sirenas y patrullas dormidas,
sin nada más para mantenerte en pie
que un poco de café y un poco de blanco
entre ceja y ceja la sublime obsesión
de no llegar a ser jamás otro del montón...

Para eso están los avioncitos de plata
sobrevolando el terciopelo negro
que se extiende entre la charretera
inexistente, pero alguna vez soñada,

y el brazo delgadísimo que se cubre
de las exigencias del mundo en forma
de un viaducto de humo que remata
redondamente en una burbuja de jabón…

Volar, huir, viajar, salir, escapar al fin
de esta cárcel de huesos transparentes
y sepulcros blanqueados; de esta guerra
que llamamos sociedad porque no hay
otra forma de llamarla… y que el dolor
quede atrás: ha sido engañado al menos
por una noche más, por una extraña
armada de estrafalarios desertores.

Que el mundo encuentre sus colores
en la cinta sin fin de pensamientos
que aparecen y desaparecen lentos
a veces, veloces las más, de la pantalla
de la mente que no consigue quedarse
serenamente en blanco. Sirenas, sirenas
en la rosada noche citadina se dan cita
delante de tu puerta a recoger las cenizas
de un mundo que llego a imaginarse mejor
y a llorar unas cuantas lágrimas de cocodrilo.

DESPUÉS DE BEBER
UN POCO DE OSCURIDAD

Knock, knock, knockin' on heaven's door
BOB DYLAN

Llegué aquella tarde invernal
con las botas llenas de lodo
cargado de bolsas y de regalos.

Dios mío —me dije—
quítame este peso infernal de las espaldas.
Déjame entrar. Abre la puerta.
¿Qué no ves que te estoy llamando
directamente al cielo?

Al instante
la puerta se abrió
y pude entrar a la casa.
Estaba llena de niños
y todos los niños estaban locos.

El frío se fue disipando
con la melodía de sus canciones.

Allí me quedé desde entonces
y me volví loco también
esperando a que llegara la primavera.

PRIMERA CARTA A EVA

It's four in the morning, the end of December
I'm writing you now just to see if you're better

LEONARD COHEN

Querida, no sé si ésta es la primera vez que te escribo… si no es así,
al menos he de decirte que así me lo parece.

Hemos estado siempre tan cerca que nunca ha existido la necesidad
de escribirte, de escribirnos. Pero siempre hay una primera vez…
¿qué le vamos a hacer? Ahora tenemos que cantar.

Éste es el triste destino de los pájaros que cantan bonito: vivir
en una jaula de oro. Como los funestos pericos de mi poema:

"los que hablan mejor tienen su jaula aparte". Sólo que esta vez se trata de una jaula oscura y, lo que es peor, sin piano.

Vieja historia es ésta: desde lejos se aprecian mejor las luces que se nos han concedido. Y conste que lo digo en ambos sentidos de la carretera emocional.

Porque yo estoy acá, y tú estás allá, y las cosas no se ven iguales desde ambos extremos.

Y sí, claro, aquí el cielo está, en general, limpio; aquí está el mar a la vuelta de la esquina; en esta tierra todavía se puede vivir sin el temor de una sombra, pero...

Seguimos, como en el poema de Tu Fu, girando, girando... ¿qué parecemos? "Una gaviota entre la tierra y el cielo". Aunque yo más bien parezco un pájaro en el alambre.

Y como no quiero que esta carta se vuelva demasiado explícita, voy a suspender aquí la conversación silenciosa —el aplauso de una sola mano— sólo para decirte que te extraño.

Pero no me aguanto las ganas de decirte también que no te extraño para nada... porque tú siempre estás conmigo. No dejo de pensar en ti ni se me olvida nada.

Para ti, querida, todo mi amor y una disculpa por escribirte esta carta. ¿Qué quieres? Siempre hay una primera vez.

II. Piedras rodantes

EL COMANDO DEL ÁGUILA

All alone at the end of the evening
And the bright lights have faded to blue

Eagles

Aquella tarde tibia
subí a mirar las nubes
como tantas otras veces
desde la azotea de la casa.

Pero al explorar en silencio
como tantas otras veces
los puntos cardinales
me sentí observado…

Busqué por todas partes
la fuente de aquel rayo
sin dar con su presencia
hasta que alcé la vista:

En plena potestad
posada en una antena
estaba un águila real
a pocos pasos de mí.

Mi primer impulso,
claro, fue acercarme…
pero me detuvo la fuerza
del pico y de las garras.

Me llamó sin palabras;
respondí con los ojos,
y la llama de sus ojos
me prendió el corazón.

"¡Junta energía!" —me dijo
en círculos concéntricos,
en elipses sin velos,
en parábolas reales.

Me tocó en lo absoluto
sin resistencia alguna
totalmente vulnerable
me rendí a mi destino.

"¡Junta más energía!" —dijo
para que, llegado el tiempo,
tú también puedas cederla
a quien viene tras de ti.

Comprendí en el instante
que se refería a mi hija:
me hablaba de la estrella
que vi tras el cristal

Y que rasgó el velo
muchos años antes
en un tren que viajaba
por el desierto de Altar.

Allí cambió mi vida
como quien cambia
de parecer, de canal
o cambia un disco…

Como quien cambia
sin predeterminación,
sin rencor y sin pensarlo
un sueño por un despertar.

El águila abrió las alas
y levantó majestuosa
el vuelo impresionante
frente a la puesta de sol.

Sobrevoló la casa
siguiendo a una paloma
en círculos concéntricos
y se perdió en el noroeste.

La caza y la distancia
se fundieron entonces
en el comando grave
del arte de vivir.

EL BLUES
DEL SAGUARO
SOLITARIO

The angels at our side
I look up again, a tear in my eye
Nothing but clouds
In an Arizona sky

Los Lobos

Con el silbato del tren
y entre el palo verde azul,
sintiendo la *desert rain*
y escuchando *desert moon*...

Dando la sombra dentada
sin hora y sin calendario
cantando este blues estaba
un saguaro solitario.

Al ritmo de un aguacero
con su gabardina gris,
a lo largo del sendero
pasan los *cottonwood trees.*

Al pie de las Catalinas
las nubes vienen y van...
y el saguaro en las esquinas
tira línea, *just for fun!*

Pero nunca desentona
ni se da mucha importancia:
el saguaro de Arizona
sabe guardar su distancia.

Cilindreado por el viento,
por el cielo y por el sol,
para sentirse contento
no necesita de alcohol.

Entre tejones y ardillas,
entre el grillo y el coyote,
beben luces amarillas
los ojos del tecolote.

Porque en la luz todo cabe
sabiéndolo acomodar,
y hasta la cigarra sabe
cuándo tiene que cantar.

Ojos de papel volando
en el azul de cobalto,
el saguaro está afinando
las estrellas en lo alto.

Ojos de papel volando
en el azul de metilo,
el saguaro está llorando
lágrimas de cocodrilo.

EL PIANO

Good night ladies
Sorry if I stayed too long
So long it's been good to know you
I love the way that I sing that song

RANDY NEWMAN

A la luz de la luna
se iluminan mis manos:
hay un piano en la noche
y una noche en el piano.

Las damas de la noche
se mueven al compás
del teclado que suena
con naturalidad.

Y la luz de los astros
me ilumina la frente:
¡estoy desesperado
por verte nuevamente!

Porque ser natural
entre burlas y veras
es andar por el mundo
con la música a cuestas.

LA CIUDAD

All the bedrom lights go out
As the neighbourhood gets quiet,
Everything in Heaven and Earth
Is almost right…

ELVIS COSTELLO

Si la ciudad
fuera transparente
veríamos el Paraíso
de repente.

Si la ciudad
comprendiera al cielo
no seríamos el avión
sino el vuelo.

Si la ciudad
no tuviera dueño
seríamos los soñadores
y no el sueño.

Si la ciudad
fuera un corazón
oiríamos con claridad
nuestra canción.

LA OSCURIDAD

With the lights out
It's less dangerous

KURT COBAIN, *Nirvana*

Todos somos iguales
en la capacidad
sin fin de equivocarnos
y sin fin de llorar.

Pero nos resistimos
aunque ya lo sabemos:
al final de la calle
se revela el secreto.

Todos somos iguales
y no queremos ver
que nos está esperando
el recuerdo de ayer.

Todos somos iguales…
no vemos en verdad
que nos están llamando
desde la oscuridad.

LIMO

Twilight fades
Through blistered avalon
The sky's cruel torch
On aching autobahn

BILLY CORGAN, *Smashing Pumpkins*

Las luces de los rascacielos
en los vidrios polarizados

El cuero negro de los interiores
la alfombra entretenida

La oscuridad azul
a la orilla del lago

Y las estrellas en el terciopelo
de la interminable limosina

Riman con los hielos
de los vasos helados

Los paisajes exteriores
y el lujo de la vida

El resplandor azul
de ese blues que en Chicago

Ya sustituye el cielo
con la neblina

SUPER FURRY ANIMAL

> *Honestly!*
> *Do we need to know…?*
>
> > *Super Furry Animals*

Tocado por el rayo
de su mirada audaz
me quedé como en blanco
mirando su disfraz.

Con sus ojos pintados,
la desnuda verdad
me hizo ver en el acto
las luces de la edad:

El huevo luminoso,
la luna salvavidas,
los placeres del ocio
que concede la vida.

Pero en el viejo faro
de la calle sin dueño,
sin disfraz, quedó claro
que la vida es un sueño.

ES MI VIDA

It's my life
I can do what I want

Eric Burdon and The Animals

¿Será esto real?
¿Será esto real?
¿Será real mi vida?

"Queremos lo que es real,
queremos lo que es real.
¡No nos decepciones!"

¿Puede ser esto real?
¿Puede ser esto real?
¿Esta vida que vivo?

"Queremos la realidad,
queremos la realidad.
¡No nos decepciones!"

EL BLUES DE LA ETERNIDAD

I must be strong
And carry on
'Cause I know I don't belong
Here in Heaven

ERIC CLAPTON

La Eternidad
y el tiempo del hombre
no maduran ya
sus frutos a la par:

Una cosa es la luz
de los incendios
y otra distinta
la estrella de mar.

¡Ah, no comienza
ni termina
la Eternidad!
¡La Eternidad!

NEBLINA DORADA

Excuse me
While I kiss the sky

Jimi Hendrix

Un sueño
que borra lento
la distancia y el tiempo:

El Diablo
viene envuelto
en un hondo resplandor...

Se acerca
al oído y te dice
con su acento solferino:

"No pares,
no te detengas...
¿qué tanto es tantito?"

SAN FRANCISCO GIRLS

Out there it's summer time
Milk and honey days

Fever Tree

Hoy he vuelto a soñar
con el manantial
virgen de mi pensamiento

Ríos de leche y miel
buscando como un paria
en la superficie de tu cuerpo

Un oasis de sombra y de frescura
donde tenderme a reposar
bajo el ojo insomne del cielo.

LA VOZ DE MI DESTINO

And when our love is over
Remember when we were together

LEON RUSSELL

El amor es la música del alma
pero no tal como se nos aparece
sino como una lluvia constante
que se confunde con el mar.

Y cuando nuestra vida termine
recuerden que estuvimos juntos
bajo la lluvia en un día nublado,
muy parecido al día de hoy.

STORM WARNING

Storm warning,
Feels like a heavy rain

BONNIE RAITT

Noche tras noche
teniendo que escoger
entre el dolor y el miedo,
yo no sé cuál prefiero.

Tal vez el tormento
de sentir o querer
la claridad de siempre
en cualquier tiempo.

UNA CANCIÓN SECRETA

Further than we've gone
The stars sing a song

Captain Beefheart

Da el primer paso —le dije—
para romper con el silencio,
allí donde las voces aletean
en la noche musical del alma.

Las estrellas en el cielo
nada tienen que decir…
guardan su secreto
para ti y para mí.

UN LARGO CAMINO

Mister, I ain't a boy, no, I'm a man,
And I believe in the promised land

BRUCE SPRINGSTEEN

Ha sido un paseo muy largo
contra el viento del atardecer…

Pues las carreteras son algo
que pocos pueden comprender.

A pesar de la noche el horizonte
cobija un sol en medio de las cejas

Y gracias a los pájaros del sueño
hay un bosque cantando tras las rejas

HAMBRE DE INVIERNO

Stop!
What's that sound?
Everybody look what's going down

STEPHEN STILLS, *Buffalo Springfield*

Vi pasar a las tribus
por mucho tiempo.

Pero ahora que las tribus
finalmente se han ido
sé que los búfalos tendrán
comida suficiente
para todo el invierno.

INSTANTÁNEA

Can I help it if…
I still think about you?

DR. JOHN

No pasa nada:
pasa la noche
como un gato…

Una gota de agua
que te recuerda
tras el cristal.

BALADA DE LOS SOLSTICIOS

Summer was gone and the heat died down,
& Autumn reached for her golden crown

NICK DRAKE

Para los pájaros del verano
el cielo abierto
luz y abundancia de grano

Para los pájaros del invierno
el grano escaso
y la nieve del silencio

ROMANCES DE ULTRAMAR

PAISAJES

I

Tiras una moneda
en medio de mi alma:

Mi corazón suena
como si estuviera vacío.

II

Una nube azul
en el rincón de una ventana:

La rosa tatuada
de un amor correspondido.

EL SEXO

Se puede esconder,
un poco tal vez…
se puede cifrar,
mistificar…

Mas la pequeña bestia
que viaja mucho
ya quiere su caricia
en el vagón.

LA PAREJA

Huesos de cuarzo:
un hombre y una mujer
entran a un cuarto
oscuro y en silencio.

Comienza a llover.

Piedras preciosas
son sus movimientos.

Encienden fuego nuevo.

CASI TODO

Con la máxima sencillez
te lo digo a ti, querida,
que casualmente llegaste
hasta mis pobres versos:

No hay nada que esperar.

La vida es toda tuya,
y el amor es todo lo que hay.

El resto es poesía.

SOLAMENTE TÚ

Sólo tú fuiste capaz
de hacerme ir a la fiesta.

Y sólo tú pudiste hacer
que me olvidara de ella.

Atrás quedó el mundo
cuando tejimos un collar

Con planetas de colores
y pedacería de estrellas.

EL ESPEJO DE ENTONCES

De pronto guardaste silencio…
entonces tiré una piedrita
al centro de tu vientre
(te reíste conmigo)

Levísimas oleadas
de carne estremecida
se extendieron pausadas
desde el centro de tu ombligo.

FELIZ COMO UNA MUJER

La luz
es una mujer…

Sólo siente
en el aire húmedo
que le acaricia las mejillas,

Los rojos crispantes del otoño
y el gozo profundo
del hallazgo.

MI BIEN

Tú eres mi patria,
yo soy tu brillante mojado,
tu sombra que vuelve,
tu buena suerte.

Tú eres mi estrella
en la ventana abierta
y el sol en el espejo:
mi buena suerte.

ARIADNA

Con un poco de sol
se sueltan las amarras:
Ariadna, el mar al fin regresa.

Tus flancos se mecen,
mientras tus medias lloran
y en un instante me estremecen…

¡Nuestras vidas vivas!
¡Nuestros ojos abiertos!
¡Nuestros sentidos intactos!

LA ROSA DEL CAOS

El amor corre
en la rosa del caos
de los ojos al corazón
cuando el destino le suplica:

El relámpago entra
como un ladrón de sombras
hasta la oscuridad de su gramática;

La luna se oculta
detrás de las palabras
en la belleza de su laberinto.

ES ELLA

Ella te está esperando
del otro lado del mar

Como una flecha
sin arquero y sin arco,
un giro en torno a nada,
una esquina sin viento.

Ella te está soñando
sin expectativas

Como una flecha
de pronto iluminada
a la mitad del cielo.

VÍCTIMA DEL AMOR

Hoy que el laberinto
pide a gritos la sinuosa
línea de tu cuerpo y el sol,

La tela de araña
de tu ovillo mágico
que me lleva de la mano

Al punto donde brillan
los ojos de nuestra pasión
y la antorcha que se extingue…

Eres la luz que ve
el destino de este viaje
y la oscuridad en el camino.

MADRIGAL

¿Qué llanto o qué rocío,
qué lágrimas celestes
se esparcen al borde la noche
y apartan las estrellas
de tus ojos?
Diamantes en la hierba
que dejan escapar una sonrisa
de tus labios rojos.
Pasa la luna
en el barco sereno de la brisa
del mundo que se aleja
y en el agua de tus ojos
se refleja.

PROVENZA LUDI

Bajo el cielo inmenso
un reino de nubes blancas,
y más abajo otro reino
entre nidos de águilas…

Allí la poesía
en alas del mistral
no era más que un latido
de un tambor lejano
antes de la batalla;

Y el amor cortesano
una flor en botón
más tierna
que la estrella del sexo
parpadeando entre lágrimas.

LA ESQUINA DEL DESTINO

No fue en tu corazón
ni en la forma dulce de tu boca…
fue en el arco perfecto de tus cejas.

Allí encontré refugio.
En la sombra de tus párpados
encontré al fin la patria que buscaba.

Más tarde di con tus pupilas.
Allí encontré reposo y compasión
y ese silencio que sólo conoce la mirada.

Hasta que finalmente
En la balanza de tus caderas
encontré el equilibrio anhelado:

La inigualable
y sabia proporción
de mis noches y mis días.

YOUR BLUES

Aquí en mi cuarto
tú has estado
todos estos años
en un retrato…

Entre las hojas
de un libro
has estado tú
como una flor seca.

Y aunque pareces
vivir para siempre
me recuerdas el dolor
y el placer del presente.

Porque podrás llevarte
algunos de mis sueños
mas tu belleza —como el tiempo—
no podrá nunca regresar.

NEVER MIND

I

No importa —dijiste—
hay un faro a lo lejos...

Tal vez las gaviotas
vendrán otra vez
a posarse esta tarde
sobre los postes
del alumbrado público,
sobre los aleros
deshojados
o el barandal del muelle.
Tal vez...

II

No importa —digo yo—
porque al fin y al cabo
el horizonte es uno:

El solitario mar
levantando su oleaje
en el corazón de un hombre.

NOSTALGIA

Allí está el cielo: ahora veo.

Allí está el cielo abierto
esperando por lo mejor de mí.

Atrás quedan los padres
los amigos, los consejos…

Los juguetes soñados en la infancia,
el árbol de los deseos,
la noche al fondo de la alberca,
el parque del primer beso.

Lo veo todo a la distancia
como un cuerpo que se despierta
al fondo de un paisaje.
Lo veo como si no fuera cierto.

Hemos venido a la vida
a despedirnos de todo lo que amamos,
de aquello que nos fue dado,
de todos los que queremos.

Pero justamente allí está el cielo.

PÁGINA BLANCA

Mi mirada
recorre tu cuerpo…

Las parábolas
más que perfectas
de tus senos:

Más que palomas
para el oído,
más que bosques
para el olfato,
más que colinas
para la vista.

Son las letras de un libro
que no puedo escribir
pero que alcanzo
a comprender.

Son las frases redondas
que no puedo leer
pero que voy
a subrayar.

LA BENDICIÓN

Hicimos el amor a la sombra
complaciente de un fresno:
había nubes a lo lejos
y era el inicio del final
de la tarde y el verano.

Con las mejillas encendidas
y los labios temblando
a falta de nombres
y señas de identidad
nuestras lenguas
buscaron refugio allí
donde las lenguas duermen.

Y las manos se demoraron
—tal vez— demasiado
constatando
que todo aquello
no podía ser más real
que el sueño de las formas
rodando como perlas de sudor
sobre la hierba.

ANUNCIO DEL VERANO

Suena el teléfono y las voces
acuden presurosas al contacto.
Por miles de kilómetros
de cables invisibles
centellean los besos.

Sé bien que estás desnuda,
que acabas de salir del baño
y que el agua gotea de tu pelo...
Pero por hoy no se me concede
el prodigio de tu forma visible.
Sólo tu voz.

HISTORIA DEL AGUA

Mis pasos cambian
las luces y las sombras
sobre la arena

Como cambian las formas
de una mujer hermosa
al paso de los años.

Pero mis pasos no cambian
la fuerza de la luz
ni la púrpura de la sombra

Como no cambia el tiempo
a la mujer que cantando
nos llama desde el sueño.

DECLARACIÓN DE AMOR
A LA ORILLA DEL MUNDO

Todo lo que no alcanzamos a decirnos
lo dijeron los árboles temblando por nosotros:
las espigas rosadas al borde del camino,
los pájaros hundidos en su canto invisible
y un rumor que venía de todas partes y de ninguna.

Recuerdo que me detuve a recoger una piedra
y la levanté con gran cuidado —amorosamente—
como si hubiera sido un pajarillo
que acabara de caerse de su nido.

La puse junto a tu oído y te dije:
—Cierra los ojos… ¿la escuchas?

—Sí, ¿qué es?
—Es la niebla.

EL ÁRBOL DE LOS

Un viento nostálgico
vino a sacudir
el árbol de mis recuerdos:

Su sombra era larga, larga
como una noche
de dolor…

Pero sus flores
eran delicadas y breves
como el beso de una colegiala.

Al instante cayó una lluvia
de pétalos marchitos
y hojas secas.

Entre la sombra y las flores
perdura su aroma.

LA MISMA HISTORIA DE SIEMPRE

La ciudad en la altura era un destello,
era un polvillo de oro a la distancia:
letras en el papel de aquella carta
que nunca me escribiste...
¿lo recuerdas?

No me creerás
ahora que te has ido,
pero sé que estás soñando...
también puedo escuchar que lloras
porque de pronto perdiste tu camino.

Me gustaría simplemente que volvieras,
mas sé que no hay regreso.

Quisiera sentir que te hallas cerca siempre,
pero... ¿qué quieres que te diga?

No es nada: estoy aquí, aquí estoy siempre.

LA LEGIÓN EXTRANJERA

¿Qué se hicieron aquellas jornadas
del corazón como un héroe desconocido
en la Legión Extranjera del amor?

Hoy apenas alcanzo a recordar ese desierto:
la alberca de la madrugada
colmada de llanto,
las anchas hojas de los plátanos
deshechas por el vendaval
y entre las sábanas raídas

aquel sueño que se apagó
anhelando la luz
de la última rendija.

Por los canalones de zinc
bajaron cálidos chorros de agua
revueltos con insectos, hojas, risas,
pedazos de estrellas y jirones de alma.

PARA TI

Escribo para ti
que tienes forma humana
en este instante.

Escribo para ti
que unes ahora tus ojos
a mis palabras.

Mira que un día cercano,
lejano… ¡qué más da!
no tendrás —como ahora yo—
forma humana.

Tal vez entonces
se vuelvan a encontrar
nuestras inimaginables realidades…

Y correrá un temblor
hacia la altura de ese centro
que en este mismo instante
compartimos, amor, y disfrutamos.

TÚ

Qué voy a hacer contigo, dime,
a dónde quieres que te deje,
si a donde quiera que voy
tú vas conmigo
y me recuerdas siempre
mi condición de hombre
atado al potro de la sangre
y al agridulce rastro del deseo...

Basta mirar
la suave curva del cielo
para sentirte entre mis manos.

Sólo tú sabes de cierto
que mucho más que el dolor,
el miedo o el amor
al conocimiento,
me movió la belleza
de un rostro
en su desigual perfección:
la proporción exacta
de un cuerpo real
equilibrado
a la sombra de unos ojos
y al borde de unos labios.

Tú lo sabes de cierto
y sin embargo callas...

Pero, mírate, pequeña,
y recuerda que en ti
todo lo grande duerme.

II. A la luz del alba

I

Dentro de la biblioteca todo es calma
mientras afuera llueve triste en la ciudad…

En mis pensamientos en blanco y negro
una sociedad anónima juega con sus cartas
sin ver el vuelo de los cuervos y las palomas
ni el corazón atómico de las granadas.

"No busques refugio ni cambies tus cartas
—me dice una clara voz— que son las tuyas."

Mas de pronto el denso cielo se despeja,
y al otro lado del espejo escucho risas
y voces cuyos rostros no alcanzo a ver:

"¡Traduce las bárbaras lenguas del mundo
al ritmo comprensible de tu propio corazón
antes de que sea demasiado tarde y llegue
la resaca de la catástrofe hasta tu casa!"

¡Oh partida de naipes en el tiempo ya jugada!
¡Oh dialecto sin nombre de los hombres!
¡Oh fruto misericordioso del azar!

II

Encuentro mi mano en el sueño
y el magro milagro recomienza…

Se abre la noche y puedo ver
el viento aullando al otro lado
de la honda galería de columnas.

Se abre la noche y puedo ver
a las madres rejuvenecidas
por una sola noche de amor;

A las hermanas contradictorias
lavando en silencio sus nombres
entre las ondulantes dunas de sal;

A las hijas zurciendo su caravana
a la sombra violeta del desierto.

III

Esta noche es todas las noches de mi vida:

La noche del primer cuarto y el primer insomnio;
la noche profunda de aquel beso más allá de la madre.

La noche con las oscuras campanas de la madrugada;
la noche de la luna lánguida dando la hora en el pueblo.

La noche del blues de los gatos en la azotea;
la noche de la aldaba de oro contra el pecho.

Esta noche es todas las noches de mi vida:

En esta orilla sin recuerdos donde veo claro
la cortina de la lluvia nocturna se descorre…

La luz es más redonda que la pupila de la belleza
y en el agua mansa de los sueños se agota el tiempo.

IV

Hay un rostro flotando en el espejo
que viene hacia mí desde muy lejos:

La fuente azul y el ángel de la pena
llorando en lo profundo del bosque.

Escucho un sosegado rumor de remos
rasgando la superficie perfectamente
pulida de una dolorosa evocación…

El escote pronunciado de la noche
y la frescura de un río de leche.

Y todo esto es tan cierto
como la forma improbable
de un collar que se distiende;

Y todo esto es tan incierto
como las perlas que gotean
entre los versos de un poema.

Una llamada —amor— una llamada.

V

Al fondo de la noche sin historia:
de nuevo el corazón busca consuelo

Allí donde el bordón del aguamiel
es el ojo manantial de otra dulzura;

Allí donde brilla la pluma de otro mundo
y en otro cuerpo de oro canta la memoria,

Hasta que la madrugada se enciende
en cada una de las letras de tu nombre

Descifrando el infinito en una brizna
de hierba mecida en el arco del viento.

Entro al fin por el poder de la mirada
a la dulcísima almendra de tu vida,

Hasta que mi lengua siente el fuego
cuando se abre por fin *la llama doble*

Y bebo de la fuente misma de tu amor
la bondad que mi cuerpo reclamaba.

VI

Para el visitante que a menudo se aparece
en el alféizar de la ventana se ha bordado
un tapiz y una mancha azul que se extiende
entre el conocimiento y el reconocimiento;

Para el mensajero de las nubes de antaño
el premio de la más vieja historia de todas
y la satisfacción de haber ganado la luz;

Para el sempiterno cantor del alba
el ojo que le devuelve la buena suerte
a la noche después de tocar la semilla
colocándole una estrella en la frente;

Para las plumas de los siete cielos
las palmas y el aceite alucinado
de los premios sin concurso;

Para los aspirantes a la altura
la oscura raíz de la adormidera;

Y para el canto de los pájaros
la victoria contundente del sol.

VII

Como una floración inmensa
que se disuelve en la aurora

Yo que vivo perennemente
al margen de los cuadernos
mis sueños de adolescente,

Digo que el primer amor
de una ciudad nunca vista

Es un castillo de naipes
que se derrumba al llamado
insoportable de las sirenas.

Sólo murmullos y recuerdos
que se filtran entre los muros

Y en la cercanía ensimismada
una luz despierta entre la hierba.

III. Romances de ultramar

EVA

Allí enfrente la montaña
y de este lado el abismo:
para siempre la mañana
y el recuerdo de uno mismo.

La misma luz en los ojos,
las mismas caras y gentes,
los mismos árboles rojos
y los caminos de siempre.

¿Para qué tanta batalla
si se requiere tan poco?
¡Y lo poco que hace falta
nos lo regalaron todo!

Sol de polvo en las alturas:
con él, contigo y conmigo…
Eva canta en las maduras
y en las duras canta el trigo.

DÉJA VU

El horizonte es un hombre
y la rosa una mujer;
y las nubes son el nombre
de la que está por nacer.

Una belleza que brota
en el jardín del Edén,
como Venus de una concha,
como concha de un pincel.

Como fórmula bendita
escrita en el pizarrón
de la escuela que medita
en la flor de la creación.

De la montaña la falda
se dibuja hasta sus pies
y el cielo que está a su espalda
le ha vuelto a poner un diez.

CORAZÓN

Me acerco a la fragancia
de una flor en botón
y siento a la distancia
latir tu corazón.

Y miro tu silueta
cruzar por la ventana,
y veo que estás cerca
mañana tras mañana.

Y escucho los ladridos
de un perro tras el tren
y pulso los latidos
de tu pecho en mi sien.

Y miro la corriente
a lo largo del río
mientras que mi alma siente
que se muere de frío.

LA NOCHE

La noche me teje
un guante en el sueño
de color violeta
y tacto sedeño.

Cabellera larga
y un morir pequeño,
la noche confiesa:
yo no tengo dueño.

Ojos de violeta
pupilas de ensueño,
la noche contempla
lo que yo le enseño.

Ojos de amapola
con voz de beleño,
la noche me dice:
ya no tengo sueño.

LA ESTRELLA

Yo no quiero —dijo ella;
yo sí quiero —dijo él.
Tú la rosa y yo la espina,
tú la rosa y yo el clavel.

Un Ecuador y dos Polos,
dos voces y una verdad,
dos mitades que se encuentran
y un encuentro a la mitad.

No te entiendo —dijo ella;
no te entiendo —dijo él.
Y encendieron una estrella
para poderse entender.

Una estrella luminosa
que no deja de brillar
entre la arena y el agua...
sólo la orilla del mar.

LOS AMORES

Los amores ya vienen,
los amores se van,
como las nubes siempre
o las olas del mar.

Una piedra pulida
que quiere despertar,
una vida dormida
cansada de esperar.

Una nube en el viento,
una gaviota más,
un ala en el espejo,
un ritmo y un compás.

Se serena mi vida:
como el poema es ya
una piedra pulida
por las olas del mar.

LA ENAMORADA

Mis ojos descubren
cuando te miro
fragmentos de sombra,
luz en el camino.

Descubre mi boca
cuando te llamo
que si el viento sopla
es porque yo te amo.

Mis manos descubren
cuando te toco
que la vida es cuerda
y que yo estoy loco.

Y sabe mi cuerpo
cuando te sigo
que mi alma está loca
por vivir contigo.

LA MUJER DORMIDA

Las nubes en el viento,
los montes sin aliento
y la ciudad desierta…
amor, así es la vida.

Las calles en silencio,
los recuerdos lejanos
en los cuatro rincones
de la ciudad dormida.

En la esquina del sueño
la tierra recostada
y el brazo como almohada
para toda la vida…

Doy mi consentimiento
a todo lo que siento:
la luna está despierta
y mi mujer dormida.

COPLAS DEL ENAMORADO

Ayer estaba lloviendo:
nube blanca… nube de oro…
Ayer te estaba yo viendo
y hoy nomás me acuerdo y lloro.

*

Tu cuarto tiene un balcón
pero nunca me ha tocado
verte salir, corazón,
ni verte entrar a mi lado.

*

Cuando te fuiste de aquí
dejaste una zarza ardiendo.
Sé que volverás por mí
con el tiempo y con el viento.

*

Nada tengo que decir,
pero no quiero callarme…
¡si por fin pudieras darme
la sorpresa de venir!

*

Sí, tus ojos hacen magia,
pero a tu alma yo la siento
más cerca de la nostalgia
que del enamoramiento.

*

Por cada estrella en el cielo
hay una luz en tus ojos,
y yo por cada recuerdo
lloro lágrimas de hinojos.

*

¿Resignación o reproche?
¿Temor o sabiduría?
Mil y una bellas de noche
por una bella de día.

*

¡Ay, tus ojos no me ven
ni tu corazón me siente!
Vamos en el mismo tren
con destino diferente.

*

No necesitas ser dueña
de trono, corona y cetro,
para mandar al que sueña
con tu belleza en el metro.

*

No confundas mi destino
con la palma de tu mano.
Mi espíritu es cristalino,
pero mi cuerpo es humano.

*

Tu cuerpo es encantador
y no tengo más remedio
que deshacerme del tedio
jugando al explorador.

*

Como una flecha en el aire
vibrando con el encuentro:
todos en el mismo baile
pero sólo tú aquí dentro.

*

Te di una carta sin sello,
sin nombre y sin dirección;
no te sorprendas por ello,
que así dicta el corazón.

*

Ojalá que abriera el viento
tu puerta que está cerrada
para entrar por un momento
siquiera con la mirada.

*

Una lámpara encendiste
para ver una revista…
la verdad es que prendiste
el corazón de un artista.

*

Esperando en el pasillo,
esperando en la escalera…
si por dentro no es sencillo,
mucho menos lo es por fuera.

*

Miras el reloj primero,
después miras la pared.
Lo que tú esperas, yo espero:
que el amor sacie esta sed.

*

Miras el reloj primero,
luego ves por la ventana.
Tú quieres lo que yo quiero:
que el amor llegue mañana.

*

Se me ha concedido ver
el mar de vino y el pan;
Ojalá pueda volver
contigo de capitán.

*

Se me ha concedido ver
el mar de las despedidas;
Ojalá pueda volver
contigo de salvavidas.

ROMANCE DE
LA DÉCIMA CARTA

Me agarró desprevenido
conocido chocarrero
que fingiéndose sincero
se fue, dejándome herido,
para volver como ruido,
como vil preocupación
del hombre por la emoción
de sentirse dividido.
Yo le seguí convencido
de encontrar la solución.

*

Tierras son de promisión:
pasan los climas veloces…
nada más lo que conoces
te sostiene en la visión;
soportas la división
y en este instante confirmas
que las voces son las mismas
que preparan la siguiente
cita de oro y occidente:
¡no pasarán los sofismas!

*

Seguí la dulce balanza:
me aparté para encontrarme
y la suerte vino a darme
la consabida templanza
para seguir en la danza
de las damas y los peones
del desierto de los leones
hechos de piedra por ver
la soledad y querer
remontar las condiciones.

*

Ya se sabe que el paisaje
no es un estado del alma,
no es la prisa ni la calma
ni el boleto del pasaje;
es el antiguo lenguaje
de las vidas contempladas
tras las máscaras pintadas
con el muy viejo barniz
de buscar la flor de lis
en la luz de las miradas.

*

Acepté lo que llegaba,
lo que venía hacia mí,
y al punto reconocí
que la unidad recobraba
por ser uno el que se daba
y uno el que se recibía;
por ser el último día
de viajar en la tristeza
y naufragar en la mesa
para salvar la alegría.

*

Pasan los cándidos roces,
pasan todos los minutos...
los doce meses son frutos
de oro para que reposes
entre las cálidas voces
que conducen al presente:
la gran tramposa es la mente
que lentamente torcieron
todos los que ya se fueron
apartando de la fuente.

*

Pues el oro está en el nombre,
todo el amor determina
que aquello que se termina
no es propicio para el hombre;
y sin que nadie se asombre
yo digo que la tristeza
no es lo que nos interesa,
sino ese centro divino
hacia el cual todo camino
nos conduce con certeza.

*

Y sin darle muchas vueltas
al diablo que se ha metido
—pues ha desaparecido
en partículas disueltas—
nuestras miradas resueltas
retornan a la partida
para apostar por la vida,
por el tiempo navegable...
y el que no sabe que no hable
de cómo sanó la herida.

CUARENTA ROMANCES DE ULTRAMAR

PARÍS

Moderna flor de lis:
la chamarra es oscura
y el pantalón es gris,
el pelo a la cintura…
¡Belleza de París!

TARBES

Nos quedamos los dos
deshojando las tardes…
y escuchando tu voz
mi amor te dijo adiós
en la estación de Tarbes.

MADRID

La sombra de la vid
se tiende en tus ojeras
que gustan de un ardid…
¡Palomas mensajeras
del placer en Madrid!

DINAMARCA

Una vez yo fui dueño
de una gacela zarca…
¡El mundo es tan pequeño!
Tal vez fue en otro sueño…
Tal vez fue en Dinamarca.

ESCANDINAVIA

Hay aroma de pinos
cuando asciende la savia
de tus pechos divinos.
¡Conozco tus caminos
oh bella Escandinavia!

BREMEN

Del mundo y sus antojos
los recuerdos me duelen:
aquellos labios rojos
y aquellos grandes ojos
que me hirieron en Bremen.

AMSTERDAM

La cita con Madame:
¡pupilas cristalinas
de los gatos de Siam
lamiendo las vitrinas
del sol en Amsterdam!

BRUSELAS

Parece que fue ayer…
A la luz de las velas
te quitaste el brassier:
encaje de Bruselas
y chinas de Boncher.

LONDRES

Para tu dulce espacio
y no para los hombres
te maquillas despacio
con sombras de topacio
en la niebla de Londres.

GALES

Se me olvidan mis males
—oscuro terciopelo—
cuando de noche sales
y en el oro de Gales
yo acaricio tu pelo.

PONTEVEDRA

Un corazón de piedra
que se quedó en el suelo
prendido como hiedra
de unos ojos de cielo:
turquesa en Pontevedra.

PORTUGAL

Bajaste la escalera
con una gracia tal
que todo pareciera
diciembre dondequiera
y abril en Portugal.

SEVILLA

Avispa y aventura
del charol y la hebilla
ciñendo tu cintura…
La fruta está madura,
¡perfume de Sevilla!

BARCELONA

La luna se reintegra
y el sol se desmorona…
Tu cabellera negra
parece una corona
de reina en Barcelona.

TOULOUSE

Con un fondo de blues
tu recuerdo en la cama:
la pasión de tu luz
encendida en la flama…
¡Corazón de Toulouse!

CARCASONA

El humo del cigarro,
la lámpara dulzona,
la cerveza y el tarro…
¿Un ídolo de barro?
¡Mujer de Carcasona!

AVIÑÓN

Tu belleza insolente
de canela y piñón:
tu cuerpo adolescente
muy cerca de la fuente,
muy lejos de Aviñón.

NIZA

No te puedo olvidar:
tu pelo, tu sonrisa,
tu forma de mirar…
Maravilla de Niza
desnuda junto al mar.

FLORENCIA

No logro comprender
cómo es que mi conciencia
se acabó de prender
con la luz de Florencia
convertida en mujer.

PADUA Y VENECIA

¡Oh mundo y sus pecados!
Mis ojos en la iglesia
te siguen fascinados…
Tacones afilados
en Padua y en Venecia.

EL LAGO MAYOR

Después de la cerveza
se comprende mejor
tu pálida belleza
de punk y de princesa
junto al Lago Mayor.

EL SENA

Te veo y no te veo…
Te juro, es una pena…
Lo creo y no lo creo:
¡por ti no vi el Museo
durmiendo junto al Sena!

NORMANDÍA

Tu mirada radía
el volumen que subes
a la música fría…
Extensión de las nubes:
¡un jazz en Normandía!

MONTE SAN MICHEL

Él no viene con ella,
ella viene con él…
¡Así que ésta era aquella!
El sol es una estrella
del Monte San Michel.

BRETAÑA

El vidrio no se empaña:
la cabellera rubia,
casi blanca, me engaña.
La música es la lluvia,
las nubes son Bretaña.

CATALUÑA

La sonrisa delgada
como una luna de uña
de aquella madrugada
prendida en mi mirada:
¡beldad de Cataluña!

ZARAGOZA

Tu sonrisa, una alhaja;
tus labios, una rosa.
Soberbia sota moza:
¡verdad que estás muy maja,
beldad de Zaragoza!

TARRAGONA

La llama que te alumbra
por dentro te corona.
¡Tu fuego me obsesiona!
Sentada en la penumbra
de un bar en Tarragona.

NARBONA Y PERPIÑÁN

Estas damas están
más alegres que el vino
y más buenas que el pan.
Bellezas del camino:
¡Narbona y Perpiñán!

SUIZA Y GINEBRA

Tu vista me electriza,
mi vista te celebra,
hermosura de Suiza:
el oro y la ceniza
en la luz de Ginebra.

BELLAGIO

Anoche te soñé
caminando en Bellagio…
Entraste en un café
y la tarde fue un rayo
cuando yo te besé.

IRLANDA

Frescura de los campos
con olor a lavanda…
¡Hoy entono tus cantos,
religiosos y santos,
pelirroja de Irlanda!

FLANDES

Sus rasgos son divinos:
cabellos ambarinos
y los ojos muy grandes
y los labios muy finos…
¡Mi Señora de Flandes!

AMBERES

Hablando de mujeres,
¿qué más puedo agregar?
Mi amor es un hogar
bajo el cielo de Amberes
del tamaño del mar.

NAMUR

En el bosque de pinos
y fresnos de Namur
tus ojos son felinos
ocultos en los trinos
de una *chanson d'amour.*

BRUJAS Y GANTE

La luz es lo importante
y más cuando dibujas
con trazo acariciante
las bellezas de Brujas,
las bellezas de Gante.

CASTILLA

La luna de Castilla
te ilumina la frente,
la nariz, la barbilla,
y luego, dulcemente,
¡tus ojos de repente!

ANDALUCÍA

Me encanta todavía
la luz de tu perfil
como una melodía
que toca Andalucía
con ébano y marfil.

EXTREMADURA

De tu escote profundo
se eleva una dulzura
que me toca y me jura
que existe el otro mundo:
¡Está en Extremadura!

EUROPA

Son romances lejanos
de una Europa que siento
—¿inviernos o veranos?—
más cerca de mis manos
que de mi pensamiento.

LETANÍAS DE NUESTRA
SEÑORA ZODIACAL

La hierba del carnero
perfume y aguacero

La leona y el desierto
de un corazón incierto

La flor del cenicero
la zorra en su agujero

La flecha y la razón
el santo y su obsesión

La espina de lo incierto
para el que está despierto

La luz del corazón
para la curación

*

La voz del emisario
fatiga el diccionario

La aurora del tesoro
las islas donde lloro

La sed en el acuario
amores de anticuario

La ventana ambarina
la flora submarina

La arena para el toro
sólo resta el azoro

La cabra y la colina
más allá de la mina

      *

La sombra de los peces
pareces o pereces

La plata y el espejo
la imagen y el reflejo

La espuma de los meses
si poco a poco creces

La copa y el alcohol
a la sombra del sol

La roca y el cangrejo
la luz del entrecejo

La nuez dentro del sol
la fiesta y el farol

      *

La Virgen de la nieve
promesa cuando llueve

La brasa entre los velos
el fuego de los cielos

La cuenta que se mueve
sobre el número nueve

Las nubes de la danza
nuestro cuerpo se cansa

La sal de los gemelos
ya no caben los celos

La fe de la balanza
nada más la alabanza

MEDIO CIELO

MEDIO CIELO

Árbol de la vida
no hay nada mejor
que la ropa limpia
y un rayo de sol.

Copa del naranjo,
sombra del calor,
luz del medio cielo
para el corazón.

EL ÁRBOL

En el árbol del tiempo
el espacio es tan real
que muchas veces siento
que voy a despertar.

Es el tronco mi cuerpo,
la raíz... la razón,
la copa el sentimiento,
cada rama una acción:

Las flores, los amores;
la fruta, la pasión;
la savia, los humores;
la luz, el corazón.

La médula es el bien,
la corteza es el mal,
la semilla el principio
y la sombra el final.

LA PALMA

Cada vez que una palma
se yergue en un poema,
ya sabemos que el alma
es lo que nos espera…

Y cada vez que el alma
entra a jugar el juego,
sabemos que la calma
es lo que viene luego.

¿Y después de la calma
qué cabría esperar?
Tal vez que el alma vuelva
con calma hasta el palmar…

¿Y después de la palma
cómo seguir el juego?
Borrando toda huella
para empezar de nuevo.

LA MANO

Las luces de los cactos
me iluminan la mano:
hay un canto en la noche
y una noche en el canto.

Las luces de los cactos
me iluminan la palma:
quiero tocar la aurora
con el cuerpo y el alma.

El destino de frente
y el destino de lado:
los hados solamente
nos conceden lo andado.

El destino nos forma
y el destino nos nombra:
¡una mano de luz…
y una mano de sombra!

LA FLOR

Yo no pido mucho:
un poco de espacio
para cada astro,
para cada flor.

Yo no pido mucho:
un poco de tiempo,
la noche en silencio
para ver el sol.

Yo no pido mucho,
todo está correcto:
todo es un proyecto
que vela otra voz.

No reclamo nada,
que el mundo imperfecto
no es más que un dialecto
que sólo habla Dios.

LA FRUTA

El sol es la naranja
de la niña del ojo,
azúcar de la luz
y sales del instante.

Y Marte a la distancia
es sólo un fruto rojo
en el mantel azul
de Júpiter tonante.

No miento cuando digo
que las uvas son Venus
y Saturno es el hado
que en el cielo me espera…

Ni miento cuando digo
—manzana más o menos—
que Mercurio es alado
y que la Tierra es pera.

LA MESA

Con el sol en lo alto,
sin sombra de duda,
la mesa nos brinda
toda su hermosura.

La única sombra
de duda me queda
en cuanto a la forma
de comer afuera…

Al sol, por lo visto,
le gusta el cubierto
lo mismo en la mesa
que en el campo abierto.

Con un mantel de aire
y un poco de luz
ya tenemos mesa…
¡Digamos salud!

EL CABALLITO

Minuciosa la sal
rodando en el mantel:
la música es azul,
el circo es un pastel.

Azúcar minuciosa
recorriendo la pista
y la elipse perfecta
que dibuja un artista.

El oficio, el olfato,
la ovación y la vista:
los caballitos blancos
de estirpe surrealista.

Roja, blanca y azul
la espuma del mantel.
Rojo, blanco y azul
el caballito aquel.

EL CIRCO

El sol es un tigre
de luz en la calle
y la entrada es libre
y el circo es la tarde.

Cada quien su asiento,
cada quien su escena,
cada quien su sueño,
cada quien su estrella.

El sueño es gratuito
con cada estación:
la tarde es un circo
y el sol es un león.

Cada quien sus luces,
cada quien sus temas,
cada quien sus vicios,
cada quien sus penas.

EL ARLEQUÍN

Hay una botella
con las hojas verdes
que se enciende sólo
cuando tú lo quieres.

El cristal ofrece
rombos en el vino:
Arlequín que nada
contra la corriente.

Y aunque está sellada,
comienza a crecerle
un mundo en la noche
de promesas verdes.

Arlequín que gusta
de cumplir promesas
junto a la botella
se perfuma siempre.

LA SIRENA

Las sirenas son perlas
en el cielo de abajo,
en el cielo del pueblo,
en el cielo del mar.

Las sirenas que pasan
de la luz a la sombra
con el viento descubren
que algo va a germinar.

Las sirenas son perlas
en el fondo del cielo,
con su concha labrada
por la mano del mar.

A mí me basta verlas,
a mí me basta oírlas…
y escuchar con los ojos
y verlas escuchar.

LA FIESTA

Sirenas y disfraces,
ya no puedo escapar:
sentado en la escalera
me tengo que esperar.

De adentro hacia afuera,
de afuera hacia adentro,
si llegan a la fiesta
¿me reconocerán?

Pues como están contentos
se dan hoy un respiro…
y enfrente del espejo
comienza un nuevo giro.

De afuera hacia adentro,
de adentro hacia afuera,
si me voy de la fiesta
¿me reconocerán?

EL ESPEJO

El mundo es un espejo
y en el fiel del instante
encuentra su equilibrio
la balanza del cielo.

Sólo un poco de sol,
solamente una imagen,
y un puñado de sombras
prendidas del recuerdo.

Sólo el paso final,
solamente un remate,
es lo que falta aquí
para parar el tiempo.

Me miro en el espejo:
¿mentiroso, sincero?
Flor que corto o que dejo
su destino no altero.

EL SOMBRERO

Lo primero es primero:
me miro en los retratos...
¡el cielo de sombrero,
la tierra de zapatos!

La mirada en el centro
y el mundo donde quiera:
el paisaje de adentro,
el paisaje de afuera.

Aquí cambia la forma,
allí cambia el color...
la vida se transforma:
¿qué será lo mejor?

Porque al final yo quiero
abolir los retratos...
¡la tierra de sombrero,
y el cielo de zapatos!

EL MARCO

Una ola se levanta
azul en el retrato
y parece un fantasma
pero es un garabato:

Un cándido ideograma,
una imagen y un marco,
que la vida nos manda
tan sólo por un rato.

Naranja el sol, *de facto*
azul de sol, el cielo…
de pronto me retracto
mas luego me reintegro.

Tan sólo por un rato
y por eso me alegro:
primero un marco blanco
después un marco negro.

LAS NUBES

Una nube blanca
y una nube negra:
la tarde se estanca
y el cielo se alegra.

Cabellera rubia,
cabellera gris:
amenaza lluvia
la tarde de abril.

Cabellera gris,
cabellera roja:
cada cicatriz
del cielo se nota.

La cortina verde,
la cortina azul:
la tarde se pierde…
se enciende una luz.

LA BANDERA

La mano santa
de la bandera
nos lleva siempre
la delantera.

Sólo un escudo,
sólo un pendón
que en cada nombre
tiene un patrón.

Tras la bandera
sólo uno mismo;
tras uno mismo,
ningún consuelo.

Sólo un abismo
bajo otro abismo…
¡somos ceniza
mirando el cielo!

LA CALLE

Desierto de la aurora,
amanecer del canto:
el mundo da la hora
y yo no me levanto.

Los pájaros del alba
descorren las cortinas:
en el mundo que canta
yo sólo miro ruinas.

No hay nada qué decir:
la calle se desdora…
lo importante es vivir
el aquí y el ahora.

Y en las ruinas del alba
me parece que veo
una señal muy clara
de todo lo que creo.

EL CATRÍN

Allí va el catrín
de la sombra larga
con su calle gris
y con su corbata.

Bajo la lironda
cúpula del cielo
su peluca grande
y su breve infierno.

Un brillo muy sordo,
un carro silbando,
un silencio tenso
y una voz de mando:

La ciudad ataca,
la ciudad engaña,
y el catrín emplea
más que fuerza... maña.

LA DAMA

Pasión del espejo
la noche del viernes;
misión del reflejo:
un cosmos en ciernes.

Se mira despacio,
se viste en silencio
y cruza el espacio
un perfume lento.

Así son las damas
que frente al espejo
comedias y dramas
arman sin consejo.

Y es que la belleza
también forma parte
de lo que comienza
y acaba en el arte.

LA LLUVIA

Ciudad encantadora,
ciudad que quiero tanto:
llueve desde la aurora
hasta el final del canto.

Llueve desde el verano
hasta el fin del invierno:
lágrimas en la mano
que dicen lo que siento.

Y estoy con los oídos
atentos a tu voz:
tal vez prefiero el ruido...
la música es atroz.

O tal vez yo prefiero
no moverme del centro:
en medio del silencio
con tu recuerdo dentro.

EL HIELO

El hielo es una planta
que crece para adentro
porque si no, se apaga
con el calor que siento.

Con las horas contadas
y la luz en el centro,
el invierno de siempre
y por siempre el invierno.

Sus horas son visibles:
cristales y ventanas…
reflexiones y espejos
de todas las mañanas.

Raíces invisibles.
Raíces relucientes.
Raíces instantáneas.
Raíces transparentes.

EL MAGUEY

Ascuas heridas,
puntas quemadas:
¡oh temporadas!
Vidas y vidas…

Rimas trilladas,
pencas floridas,
vidas vividas
entre miradas.

Máscaras de agua,
máscaras vivas,
espinas bravas,
puntas altivas.

Y ya encendidas
o ya apagadas:
rimas quemadas
pencas floridas.

LA ESCOBA

Varas atadas,
las letras muertas…
y desatadas,
las lenguas vivas…

Que la ladera
lleva al molino
pero el molino
no dice nada.

Varas atadas,
las sombras secas…
y desatadas,
las luces limpias…

Porque el trabajo
lleva a la escoba
pero la escoba
no dice nada.

EL ARCA

Liebres y vacas,
gallinas, iguanas:
arca de los cielos,
astros de verdad.

La luna blanca
enciende la vela
para que la noche
sepa a dónde va.

Pájaros, grillos,
caballos y ranas:
arca de las nubes,
flores de verdad.

Sol amarillo
toca la campana
para que este día
pueda comenzar.

LA CARRETA

Hombres, mujeres,
voces y niños:
viajeros fieles
por los caminos.

Polvo que va,
polvo que viene...
su sombra larga
no se detiene.

Flor de veleta,
flor de ceniza,
que la carreta
no lleva prisa.

Silencio de oro
para la gente...
y entre las ruedas
¡luz de repente!

EL CAZO

¿Qué caso tiene el cazo?
¿O es que acaso es un chiste
que la forma del cazo
nos recuerde un eclipse?

¿O será que al ocaso
sólo queda en el cielo
del perfil, un espacio,
y del color, un sueño?

Porque el caso es que el cazo
con su luz cotidiana
se transforma en un sol
de redonda obsidiana.

Con un poco de fuego
y otro poco de tierra,
hay un cazo dormido
y otro cazo que vela.

LA HAMACA

Tú dentro de la hamaca
estás dormida,
yo fuera de la hamaca
estoy despierto…

La leche de la vida
es la inocencia,
la sombra de la vida
es luz del sol…

Pues dentro de la vida
está la muerte,
y fuera de tu cuerpo
están los sueños.

Yo sólo estoy dormido
cuando siento,
pero queda despierto
el corazón.

EL SUEÑO

En el sueño del cielo
sólo tienes mis alas,
y en el cielo del sueño
sólo escucho tu voz.

Tú te quedas dormida,
yo me quedo despierto
y el sueño lo soñamos
entre nosotros dos.

En el cielo del sueño
yo vuelo con tus alas
y en el sueño del cielo
tú vuelas con mi voz.

El vuelo de las aves
es el canto del cielo
y el silencio del cielo
es el canto de un Dios.

EL ÁNGEL

Ángel de sol
aunque me pierda
dame la hora,
reloj de piedra.

La inmensidad
está de fiesta
con dos luceros
de azul y menta:

Coro en la luz,
sombra en la arena,
y arete de oro
para el que pena.

Ángel de sol,
reloj de piedra,
dame la hora
aunque me pierda.

EL DRAGÓN

La batalla de nada
y de nadie, ¿qué es?
Desenvainas la espada:
ves el mundo al revés.

Con San Jorge se abre,
con San Jorge se cierra
la batalla de nadie
y de nada: es la guerra.

Desenvainas la espada
por el mundo al revés,
ves la sombra pintada
y preguntas: ¿quién es?

La batalla de nadie
y de nada: ¡la guerra!
Un dragón es un ángel
con los pies en la tierra.

LA VIRGEN

La luz platica un cuento
para entender mejor
que todos los caminos
tienen su corazón.

La montaña es el cuerpo,
la cueva, la intuición,
el latido es el tiempo
y el espacio el amor…

Y la Virgen en medio
de la pupila amante
es un códice alterno
de neón y de amate.

Concedido en el sueño
(que de un sueño se trata)
el oro de los tiempos
en bandeja de plata.

EL NACIMIENTO

Más allá de los nombres,
más acá del color,
van llegando los reyes
a buscar el amor.

Van llegando los magos
caminando al revés:
los árboles plateados
se encienden a sus pies.

Más allá de las rejas,
más acá del dintel,
ya llegan las pastores
con sus tiendas de piel.

Y en las torres agudas
de repente se ven
entre amores y dudas
los pinos de Belén.

EL COMETA

Un eclipse de sol
y un caminante
que quisiera volar
en campo abierto:

Horizonte y candor
equidistante
de la revelación
y del misterio.

Un cometa fugaz,
una cruz de aire,
mariposa de sol,
papel y viento.

El mundo es un reloj
y en un instante
es un rayo de luz
y un zigzag lento.

LA LUNA

La luna es un ave
con plumas de azúcar:
la mano que sabe
no la toca nunca.

La luz es la luna
y el mar terciopelo:
me contento al verla
en la paz del cielo.

La luna es un dulce,
la luz, un cometa:
¡la noche del mundo
es casi perfecta!

La luz es la luna
y el mar es coral:
me contento al verla
sólo hasta el final.

MEDIO CIELO

Luz de la mirada,
con sed y calor
bebe el medio cielo
su dosis de sol.

Cambia la figura,
cambia la estación,
más no la semilla
de mi corazón.

II. Coplas de arte menor

La copla es un vaso con flores
que el pueblo pone en la ventana de su alma.

FERNANDO PESSOA,
Coplas al gusto popular

LA MUSA

Nada tengo que decir
de la fama pasajera,
esa pálida quimera
que no me deja vivir.

Pero no digo otro tanto
—en verdad es otra historia—
de nuestra Musa del canto
que es hija de la memoria.

LA MÚSICA

¿Dónde canta la que nombra?
Respondo si me preguntan:
misterio es donde se juntan
simplemente luz y sombra.

Sólo cielo, sólo tierra…
la música no se piensa,
pues la música comienza
donde la boca se cierra.

LA ESENCIA

El mundo sigue adelante,
pregona nuestro optimismo,
pero la esencia del arte
no dice y piensa lo mismo.

¡Vivan las contradicciones
pues el hombre verdadero
vuela con el viento entero
de las cuatro direcciones!

LA APARIENCIA

Ese rostro en la pantalla
me parece conocido...
¿cómo saber dónde se halla
si nunca se me ha perdido?

Aunque idéntica a otras mil,
bien podría ser diferente...
ella me ve de perfil,
pero yo la veo de frente.

LA FORMA

La forma está definida
por la forma de mirar,
a los pasos de mi vida
o a los peces en el mar.

Cada paso es un camino,
cada pez es todo el mar...
camino al mar cada río
es una forma de amar.

EL COLOR

En el árbol de la vida
el jardín es invisible
o el jardín es la mirada
y el árbol es lo visible:

Y el color se desarrolla
como el follaje en el tiempo,
mientras un jardín se forma
con las nubes en el cielo.

EL POETA

¿A dónde se van las calles
de este pueblo somnoliento,
las montañas y los valles,
cuando se los lleva el viento?

Van a dar, naturalmente,
—tras el viento la saeta—
en el blanco providente:
el cuaderno de un poeta.

EL POEMA

Cada verso es una hoja,
cada poema, una rama;
y cada libro es un árbol
para los bosques del alma.

Cada verso es una ola
en el poema que el mar
con agua y arena escribe:
¡viento, luna, sol y sal!

EL ARTISTA

El artista tiene un ojo
puesto en el cielo de abajo
y tiene bien puesto el otro
en la tierra allá en lo alto.

Las obras de arte perecen,
las obras de arte son nada,
pero la muerte parece
que no se encuentra enterada.

EL TIEMPO

El tiempo ya quiere un cambio,
quiere que pase otra cosa...
para que sea nuestro canto
"La vida color de rosa".

¿Y cómo está la cantada?
Pues según se quiera ver…
Está mejor que mañana,
pero un poco peor que ayer.

LA VIDA

Goza la vida, disfruta,
mientras en la vida estás.
¿No ves que tan poco dura?
Dura poco… ya verás.

Hoy ves la vida delante,
no ves la vida detrás.
¿Es nada más un instante?
¡Un instante… nada más!

EL CORAZÓN

La luna de los tejados
ha bajado hasta el balcón
y el fantasma de los gatos
le dedica una canción.

La luna de los tejados
ha bajado hasta el balcón…
no es muy tarde —todavía—
para abrir tu corazón.

III. Luna de hueso

Los tres perros de esta historia
estaban soñando un hueso…
pero el hambre era tan fuerte
que aullaban de hambre en su sueño.

Era tanta su flacura
y tan realista su sueño
que acabaron por pelearse
por la gloria de ese hueso.

Mas de pronto ante sus ojos
brotaron alas al hueso
y unas palabras volaron
en alas de aquel silencio:

"Si hay pleito por la comida
más vale que sin tardanza
me vaya yo de esta tierra
que algunos llaman Oaxaca."

Y al hueso siguieron raudos
otros huesos y otros huesos
que se esfumaron volando
muy lejos de los tres perros.

Los perros desconsolados
lamentaron su desdicha,
mientras los huesos soñados
formaban una casita.

Cuando estuvo terminada
los tres se quedaron tiesos:
¡más que un sueño era la gloria!
¡Una casita de huesos!

Entraron a su morada
y luego la hicieron suya...
los tres iban con sus sombras
bajo la luz de la luna.

Hasta que llegó el momento
en que el hambre de la gloria
le cantó dulce al oído
al perro de nuestra historia.

Y tratando de roer
a los huesos condenados
la casa de puros huesos
al fin se le vino abajo.

¡Se fue el sueño compartido!
¡Se acabó el hambre de tajo!
Los perros sobrevivientes
se lo llevaron cargando...

Tristes hicieron un hoyo
más hondo que la tristeza
y más oscuro que el hambre
la ambición y la pobreza.

Allá fue a dar con sus huesos
el perro que quiso ver
su terrible hambre de gloria
satisfecha de una vez.

Sus dos amigos llorando
se lamentaban perplejos:
¡de nuestro amigo querido
ya nomás quedan los huesos!

Y aquí se acaba la historia
y el hambre de nuestro perro
que por perseguir la gloria
se convirtió en esqueleto.

Un perro ya está dormido,
los otros siguen despiertos,
aullando, nomás aullando
bajo la luna de hueso.

EL LIBRO DE LAS PIEDRAS

¡Allá voy, allá voy, piedras, esperen!
PABLO NERUDA,
Las piedras del cielo

EL HIERRO

I

Tuvimos que entrar
con la razón apenas
a la fortaleza errada
al final de las eras

Hasta llegar a ver
al fondo del pasillo
un reino de espejos
y un trébol amargo

Que con desdén
propio de reyes
en la sala armada
con soberbia decía

"Yo sé tejer arañas
y balcones forjados
con cadenas perpetuas
de hierro en las alturas

"Y cuando se trata
de llegar a la cumbre
yo sé zurcir la sombra
con una aguja de acero

"Y sé formar alianzas
que pueden llevarnos
a un astro sin centro
y un cielo más vasto"

II

Tuvimos que entrar
con la razón apenas
hasta llegar a ver
al fondo del pasillo
un remolino de amor
que con sus limaduras
le respondió al trébol

Con un imán de rosas
colibríes y un sueño
de aguas madres

Le respondió también
con el sonido antiguo
de un dulce lamento

Y un ocre más rojizo
sin causa y sin origen
que la sangre y el miedo

III

Tuvimos que entrar
con la razón apenas
hasta alcanzar a ver
que allí en la alcoba
creciendo sin saber
había un niño pequeño
tendido en su cama
llorando de dolor

IV

Mientras que oculta
en algún otro sueño

Su madre lo curaba
con agua de flor roja

Corazones de clorofila
y bosques iridiscentes

El agua ardiente de la roca
y las matemáticas del fuego

El esplendor de los monarcas
y el paje de las oxidaciones

El reino de la tremenda amapola
y el brillo metálico en la sangre

EL COBRE

I

En este siglo que comienza
en esta tierra que germina
preguntamos a los vientos

¿Cómo se instaló el vacío
en el corazón de la fronda
del árbol oculto del cobre?

Y a las evoluciones del sol
que camina tras la puerta
les preguntamos también

¿Cómo se formó la semilla
del rojo trigo que un verano
se detuvo en mi ventana?

¿Y cómo se formó el camino
que conduce desde el amarillo
pasando por el rosa y el dorado
hasta el azul del sulfato de cobre
que es el color carmín del Paraíso?

¿Y dónde quedó la estrella
que rompió el cristal del tren
que viajaba veloz a media noche
por el desierto de los altares
y se vino a posar como un ave
de plumas impregnadas de luz
en la carta astral de mi hija?

II

Árbol del alba
inmerso en sus especulaciones

Árbol del mediodía
tejiendo peces al fondo del mar

Árbol de la tarde
ardiendo fuerte en sus vidrieras

Árbol de la noche
caliente en el cierzo invernal

III

Árbol de los avatares ordinarios
de ese Dios al que llamamos cobre

Dime ¿dónde ha quedado el tiempo
que ayer nos parecía tan amargo?

Porque hoy ya sólo queda el fuego
de una canción oculta en las tuberías

Hoy sólo quedan las espigas rosas
diciendo adiós a un lado del camino

Hoy sólo me queda la razón esperando
a que tú te decidas de una vez por todas

Hoy ya sólo me quedan los kilómetros
de cable submarino trayéndome tu voz

LA PLATA

I

Poco se puede decir sobre la plata
que no caiga como un aerolito
en la luna sin atmósfera
de la conciencia

Sus pensamientos retorcidos
y sus ramificaciones
no son más que un invento
de los hombres
que han querido obtener
a toda costa
una carta de naturalización
que les garantice la inmortalidad

Mientras tanto la plata toma fotos
de jardines desiertos olvidados

Va al cine y casi se divierte

Trama en hondo silencio
sus alzas y sus bajas

Sella compromisos

Anuda y desnuda
a los amantes
cada cuarto
de siglo

II

Lo que pasa con la plata
en el límite entre la galena
y las escrituras de la luz
es harina de otro costal

Porque nuestro metal
ha renacido muchas veces
y ha visto la luz del día
como una niña muy dulce
que jamás hubiera oído
nada malo del mundo

Pero a la hora buena
puede venir de nuevo
a disipar la noche
en un relámpago

EL ORO

En la ciudad ideal del oro
hay una pantalla pública
donde se proyectan todos
los frutos de la voz

En la ciudad ideal del oro
hay un árbol que crece
de arriba hacia abajo
y sus raíces son el cielo

En la ciudad ideal del oro
hay una carretera larga
que antes tenía sombra
y ahora nada más recuerda

Que en la ciudad ideal del oro
hay una cesta de pan brillando
con su corazón encendido
bajo la suave luz del mediodía

EL PLATINO

I

Yo tuve una vez un rostro
y lo perdí para siempre
en la mina sin fondo
de la mente

Allá adentro
había un minero
que se puso a meditar
en lo absurdo de la empresa

Llevaba miles de años
fatigando los socavones
en busca del oro y de la plata

Y en busca del platino

claro

que podría ser otra la historia

II

Podría ser un cuento de hadas
donde los platinos no fueran
sino el derecho de llevar
a la razón por fuerza
hasta sus últimas
consecuencias

Algo más espeso
que oscuros dioses
perdidos en la bruma
sin forma de un taller

Una voz de alarma
desafinada siempre
en el pérfido perfil
de las monedas

Llamando a gritos
a ese fuego invisible
que poderoso se oculta
al fondo de los cilindros

Llamando a gritos
a las palabras justas
para que al fin pongan
todo en perspectiva

EL AZUFRE

Guadaña es la salida
y engañosa la bruma
del venenoso azufre

Como una isla acre
o un águila sideral
venida a menos

El azufre extiende
sus ceras perdidas
su polen de piedra
su túnica inmensa

Una cinta horadada
por cada oveja caída
del rebaño del cielo

Extiende una luz
como una fogata
que se sorprende
a cada instante

Una alta fumarola
de tintes volcánicos
y una catarata oscura

Una noticia que corre
a los últimos confines
del espantoso imperio

La pólvora y el azufre
urdiendo sus mentiras
bajo un sol que nace
entre la tormenta
y el amaranto

El azufre y la salmuera
las moscas del sonido
las heces del tiempo
vitriolo de alas negras

Porque el azufre sufre
como un condenado
entre el canto oscuro
y la corola de sangre

EL ESTAÑO

Hay que abrir
los libros de la noche
y esperar al alba
con su oración de rocío

Hay que abrir
todas nuestras ventanas
hasta que el sol
termine de armar un paisaje

Hay que abrir
la boca de las aguas
para que la luz
encuentre su avenida

Hay que abrir
las esclusas del canto
para que la tierra
se convierta en un océano

Hay que abrir
los ojos al diccionario
para borrar este año
la vieja voz de la casiterita

Y hay que abrir
de par en par las letras
de la casiterita
hasta que se haga estaño

EL ZINC

El cielo llora una vez más
sobre los techos de zinc
y la siniestra riada se avecina

Rodeada de halos de trapo
y otros falsos juramentos
en las hojas verdinegras del café

Mientras en la trituradora
la blenda gime como gimen
los borregos que van a la trasquila

O como gime el ser humano
que se encuentra atrapado
en el callejón sin salida de siempre

EL MERCURIO

El
ca
lor
es
lo
con
tra
rio
del
frí
o
y
vi
ce
ver
sa
pe
ro
el
ter
mó
me
tro
no
es
lo
con
tra
rio
del
frí
o
ni
del
ca
lor

II. Minerales

LA SAL

I

El género
es lo de menos
el cloro y el sodio
nada saben del sexo

Cuando nació la sal
el agua y el firmamento
ya se habían puesto
completamente de acuerdo

Habían enviado un mensaje
a las profundidades de la lengua
con los planos y los detalles
de una escalera al paladar

II

Y como la sal gema
no quería rendirse todavía

A la forma bifurcada
de la palabra y la serpiente

Hicieron muy bien
sus espíritus en no inclinarse

Ante la sagacidad
de los incomprensibles océanos

III

Desde entonces
allí donde el templo
de Venus y de Apolo
yergue su sombra

Y canta su anhelo
cuenta sus cuitas
mide los pasos
y vive su vida

Hay una escalera
que se levanta
desde el cielo
hasta el mar

LA BARITINA

I

Espécimen muy raro
en las lentas olas del diccionario

La baritina se asemeja
a esos viejos lobos marinos

Que en trágica sucesión
se perdieron a las orillas del mar

Y terminaron finalmente
por reencontrarse en su centro

II

Rosa doméstica
amansada por el fuego de los años

Cresta de gallo
alerta al calor que nos faltaba

¿De dónde viene
la fuerza cotidiana de la sangre

O la transparencia
de las costumbres de la vida?

III

Esas bolas de estambre
que caen del regazo de la abuela

Y ruedan sin que un astro
o una mascota juguetona

Se atrevan a ponerles
un ojo al gato o una uña encima

Son flores del desierto
idénticas a la baritina

EL GRAFITO

I

Amo
el amor
su garfio
y el grito
más oscuro
del grafito

II

Amo la caravana
del sol y el horizonte
que en cada grumo
tarde se transforma
en un rombo de luz

Una banda de estrellas
que quiere recordar
a su constelación

Con cada bestia
llevando su larga
historia a cuestas

Y cada frontera
un crisol

Tatuado
inscrito

En la piel
brillante
del grafito

Cada
rima
fuerte
precisa

Abandonada
a vivir su suerte
en aquel libro
donde la vida
está cifrada
con una fuente
inmaculada
de grafito

III

Grafito
grafito

Ya todo está
escrito
en tu corazón
de piedra

EL YESO

I

Cuando a la luna
le quitaron las alas
cayó una débil lluvia
de ángeles sin gracia

sin explicaciones
y sin lamentos

Acá en la tierra
les llamamos yeso

II

Por eso alabamos a los astros
porque en sus esferas sigue
rodando alegre el tiempo
en busca de las plumas
de aquellos ángeles
que se quedaron
un buen día
sin alas

LA CALCITA

I

A veces va descalza
y a veces va vestida
la perla sin la concha
la concha sin la perla

A veces hay silencio
y a veces una fiesta
como si pronto fuera
a recobrar el cielo

Y aunque la vida vuelve
y pronto se disuelve
como una estratagema

La luz de la calcita
puede acabar con todas
nuestras celebraciones

II

La mayoría de los huesos
desperdigados en la tierra
mucho le deben a la calcita

Por el poder de la metamorfosis
por la resurrección de los metales
o por la omnipresencia de la muerte

EL CUARZO

I

¿Cuáles son los nombres
de esa luz que atraviesa
la redonda tela de gasa
que nosotros conocemos
como corteza terrestre?

¿Cuáles son los acertijos
que los chamanes del sueño
con un pase de manos ponen
a tejer un nido en el invierno
de nuestras articulaciones?

¿A dónde llega el Ártico
y hasta dónde el Antártico
que en el cuarzo cristalino
recorre todas las facetas
de las artes del cántico?

¿Y qué instintos guían
a las aves que insistentes
se posesionan ya de todas
y cada una de las nervaduras
de esa casa entre las nubes?

II

Intercambiando la sal de los días
en la arena y el mar
por uno solo de nuestros deseos

De todas las gemas
la que mejor guarda sus secretos
es el cristal de cuarzo

LA CALCEDONIA

I

Como la punta de flecha
de aquel ciprés nocturno
que alardea del obsequio
que le hicieron los dioses

O como una onda de radio
que penetra en los huesos
y desentraña el misterio
de nuestras migraciones

O como una hoja dentada
que en la batalla escrita
llama a la sangre joven
a renovar el pacto

O como el vil pedernal
que en una sola noche
quisiera recuperar
el color de la nieve

La calcedonia llega
hasta nuestra memoria
para decir que nunca
para decir que siempre

II

Una batalla elevada
hasta donde comienza la memoria

Una escena de caza
entre las dos hojas de una espada

La clarividencia del oro es nada
junto a la certeza de la calcedonia

LAS MICAS

I

Mi casa no es distinta
a las hojas de un libro

De su nombre me acuerdo
de una jaula y la aurora

Mi casa se fue haciendo
lentamente en las noches
de sueños industriosos
que con regularidad
soñó mi padre

Y allí donde estuvo fincada
se fincará de nuevo

Porque mi casa
se fue haciendo
poco a poco grande
según la vieja tesis

De que en medio van los fines
y hasta el final los medios

II

Debajo de la mina
y encima del calor
está mi casa

Mi casa de mica
se fue haciendo chica

conforme los años
fueron dejando mondas
las ramas de cobre
de su árbol de levas

Y la sabia bujía
que ardió en la noche
no tuvo más remedio
que acostumbrarse
a la transparencia
de la incertidumbre

Desde entonces mi casa
es una ventana abierta
y un paisaje interior
que ha hecho lumbre
con el alma de hierro
de un puñado de visiones

LA GALENA

La galena
es un cuerpo
con alma de plata

La galena
es un gato azul
que es su propio amo

La galena
es una telaraña
y el mundo es su presa

La galena
es un resquicio
por donde se filtra la luz

La galena
es un manantial
de repeticiones frescas

La galena
es un invernadero
de flores que no existen

La galena
es un rostro
borrado por la niebla

La galena
es la solución
de un futuro enigma

La galena
es una odisea
sin mapa y sin reloj
donde se desploma el cielo

LA PIRITA

Hay una tempestad
tranquila en el hondo
caracol del oro falso

Las láminas de la pirita
cantando sus torres
y cubos inspirados

Un volador de pluma
y un edificio anclado
en una sombra escasa
que a leguas reconoce
ha venido a esperarme

Me llama por mi nombre
desde las maclas severas
que vienen del cuarzo
con su casco de buzo
y su escudo dorado

Un árbol bajo tierra
una lluvia de pájaros
y una promesa fértil
de ir más allá de la luz
de la bóveda y el hueso

Para quienes esperan
que al final del tiempo
se descorran los velos
y que nos quede claro
quién sí y quién no

Quién sí lavó la aurora
con lágrimas constantes
y sonantes en la concha
de ese fósil que gime
al fondo de este oído

Y quién se quedó callado
sabiendo que la fecha
la forma y el nombre
no eran los correctos
pero sirvieron de algo

LA FLUORITA

Un alma consumada
en la infusión celeste
de una película química

La fluorita
esa energía
que genera
una rosa azul

Girando a mil por hora
en un circuito íntimo
de pétalos de humo

LA MAGNETITA

La magnetita es experta en cruzar mares
lo mismo interiores que interestelares

Un instrumento muy preciso en el entrecejo
que mide exactamente las posibilidades
que tenemos de llegar a ser felices

Una rosa de agua que sirve de alimento
al coral negro y a las ingrávidas medusas

Un invierno llamando a otro invierno
una corona llamando a otra corona
una noche llamando a otra noche

Que los muertos entierren a sus muertos
y que vuelva a su madre la aguja de marear

LOS FELDESPATOS

Hay tres clases de rocas
que responden al nombre
genérico de feldespatos

Las matemáticas magmáticas
las órficas metamórficas
y varias sedentarias

En cada una de ellas
se repite aquel anhelo
de escribir una historia
sin moralejas ni rimas
sin héroes ni villanos

En cada una de sus grutas
labradas por los milenios
y el azar se desliza rauda
la pasión de una aventura

Y en sus corredores
se escucha el aullar
de un joven coyote

Un grito en plena noche
desde la luna hasta hoy

LA PIEDRA CALIZA

La piedra caliza se ríe de nosotros
como si fuera la vida
sólo una caricatura

Como si fuera la vida
una hoja que se mece
entre los fuertes brazos del viento

Pero en su corazón de harina
cabe toda la amplitud del día

La piedra caliza se ríe de nosotros
como si fuéramos
una página sucia

Un intento fallido
por vencer el tedio
de los años y los siglos por venir

Pero en sus raíces de ritmo fósil
no cabe otro tiempo que la aurora

LA OBSIDIANA

Noches brillantes
y días opacos vistos
al trasluz del sacrificio
de tantos seres humanos
que han creído hallar el sol
en este espejo ahumado
donde acaso especulan
crueles dioses ahítos
ya de sus sinrazones
entre las sombras
de un largo sitio
y sus oráculos
olvidados
....
....
...
.

EL GABRO

Más rara
que su forma
es su presencia

Pero más rara aún
que su presencia
es la palabra
gabro

LA PIZARRA

Aquí está
la noche sin fin
de la humilde pizarra

Que extiende ya
su examen de conciencia

Extiende ya
su pueblo de tejados

Extiende ya
su camino de dudas

Extiende ya
su silencio de cuatro lados

Para que puedas dibujar
con el cuchillo de gis
un corazón herido
una pregunta
y un final

EL PETRÓLEO

Este mal llamado rito
que sin cesar se renueva
entre las cuatro estaciones

Esta pirámide de ropa
que no se alcanza a secar
con todos nuestros sueños

Este salario de hambre
al que conocemos como
el martillo de la traición

Estas islas negras suspensas
entre las hojas del espacio
y el pantano del tiempo

Son las escrituras
del hediondo establo
que nos regaló el diablo

EL MÁRMOL

La estatua
que se durmió
en aquella fiesta
sin tener más techo
que la luz de la noche
ni más ropa que el alba
ya siente cómo la sangre
lentamente se le congela
en cada una de sus vetas
y siente que la muerte
poco a poco la habita
como un mar mudo
o como un cielo
más blanco
todavía

EL GNEIS

Formados bajo grandes
temperaturas y presiones
de géiseres vertiginosos
y recónditos paisajes

Hay un código genético
en cada una de esas hojas
donde sin cesar reescriben
los gneises su evangelio

EL GRANITO

Allí donde las estrellas
verdes de la primavera
son capaces de alzar
una tienda esteparia

Hay una yegua gris
frente al archipiélago
que adoran las nubes
a espaldas del cielo

EL BASALTO

Allí donde las caravanas
de un desierto submarino
recuerdan haber nadado
una vez a contracorriente

Hay unas piedras nómadas
que han pescado con redes
comunes y corrientes agua
sin pedirle permiso a nadie

EL CARBÓN

Los poderosos insisten
en que la turba comprimida
se encuentra mejor que nunca
a gran profundidad bajo tierra

Pero es que los magnates
en su agenda olvidan siempre
lo que cualquiera entiende
mirando sin los números

Y en lugar de sacar en claro
por sus lacerantes aullidos
que nadie es feliz allá abajo

Se ponen a hacer cuentas
y en el camino van cantando
"gobernar es cosa de titanes"

EL TEZONTLE

Siguiendo las pistas falsas
de las buenas y las malas
etimologías

Podríamos decir
que el nombre del tezontle

Algo tiene que ver
con los espejos de dos colores

Algo tiene que ver
con los ojos de los volcanes

Algo tiene que ver
con el canto de los alfareros

Y algo también
con el glifo de los abismos

LA ARENISCA

El paisaje
y los ojos
son uno

La arena
y el desierto
son uno

El corazón
y los testigos
son uno

Son un signo
erosionado
que dice

"La cantidad
no puede más
que el cielo"

LAS PIEDRAS DEL ESPACIO

Las piedras de la luna
se han hecho un nido
al fondo del océano

De visos azules
en tus pupilas
iridiscentes

Y en la noche blanca
de nuestras vigilias
me han dado la llave

De la certeza y la forma
para la joyería íntima
de la reconciliación

IV. Piedras preciosas

LA AMATISTA

Ya sea en la voz
de la bella luna
que se baña sola
en el río limpio de las palabras

Ya sea en la comisura
de los labios y los ojos
que fieles responden
al llamado del verdadero amor

Ya sea en la aguja
que toca al bardo
del cuerpo eléctrico
la luz exacta y el ánimo fraterno

La amatista protege
al nacido en acuario
tanto de la embriaguez
como de las trampas de la sobriedad

EL BERILO

I

Un ascendente luminoso
lleva el berilo en sus venas

Un océano en la mirada
que lo mismo reconoce
los recordatorios del sol
que el oro pálido del cielo

Hay violetas y golondrinas
sobrevolando a esa osa azul
que destila la leche sublime
del berilo ensimismado

Pero el valor del berilo es tal
que nada sobrepasa su deseo
de llegar al fin hasta la *fata
morgana* de tus pupilas

II

Alza tu faro
tu luz hexagonal
berilo en lontananza
para que el iris fraterno
del mar en nuestros ojos
pueda ver el resplandor
de un alma navegando
más allá de la neblina

Para que el aguamarina
de tus rosas náuticas
pueda dar con la ruta
que ha de llevarnos
seguros y salvos
de nuevo a casa

EL ÁGATA

I

Una gota de leche
que cae en el centro
de un vaso de leche
y extiende su llamado
en círculos concéntricos

Una trompeta de barro
que recuerda el origen

Una nota de noche
brillando en los ojos
de unos gatos rayados
sin más explicación
que una mirada

II

El nombre de este juego es
"El largo camino hacia Ti"

EL CORINDÓN

I

Rubíes
    zafiros
        turmalinas

Formas raras del olvido
que a su paso van marcando
en el calendario del horizonte

Horas
    minutos
        segundos

Y todo aquello que nos separa
sutil pero inexorablemente
de nuestra desaparición

II

La enfermedad más pura
de la tierra se llama rubí

En las muestras
de mágica sangre
de los continentes
que a duras penas
han sido separados
del abrazo original
se constata su alcance

Y en el remolino
de las estaciones
existe otra dolencia
derivada del corindón
llamada turmalina

Y en la variedad azul
por un cruel capricho
puede verse todavía
una enfermedad más

Un aire muy frío
llamado zafiro

III

Sólo que al fondo azul
de la llama fría del zafiro
hay un Buda oculto
meditando en el fuego

Y en el fondo rojo
de la llama ardiente del rubí
hay un Buda meditando
en el corazón del fuego

Y hasta el fondo indescriptible
de la turmalina en llamas
hay un tercer Buda meditando
en el silencio del corazón del fuego

EL JADE

I

El oriente del jade
maduro como el día

Maduro como un fruto
que retorna a la tierra

Maduro como el sacrificio
del ambivalente cordero

II

El noble jade
como el caminante
que ha vuelto al regazo
de sus utensilios y sus armas
de la voz de sus padres
del olor de su casa

Se ha encontrado con la calle
que lleva hasta sus muertos

Se ha encontrado con la casa
y sus recintos subterráneos

Y a la entrada del patio
se ha encontrado con el árbol
del cual naciera un día

III

En el otro tiempo
el jade se ha puesto
a tararear una tonada

Con los ojos
llenos de lágrimas
con los labios cerrados

Sabe que toda vida
renace en un instante

Sabe que novia china
es buena suerte

Y sin buscar remedio
para su desamparo
se ha puesto a plantar
sus árboles de nuevo

IV

El jade suavizado
por el rigor del agua
como si fuera un camino
va de regreso a casa

Se tiende a la sombra
jadeante de un sauce
y rememora el patio
de sus ancestros

Fijo en la transparencia
de su aliento en secreto

vuelve a cuidar las calles
y a pastorear las nubes

Vuelve a dejar la casa
los postigos mellados
la herradura y la ijada
descomunal del miedo

LA MALAQUITA

La mala madre
deambula por allí
con sus zapatos rotos
su invierno desolado
y su boca de sombra

La mala madre
no puede dar a luz
estanques profundos
ni campos de alfalfa
para tejados de cobre

Porque la mala madre
no reconoce a la malaquita
como su única hija legítima
a pesar de haberla parido
en una noche de estrellas

La malaquita
en cambio sí
reconoce a su madre

Trinidad
marverde
madreselva

Por más que no haya sido pura
por más que no haya sido verde
por más que no haya sido buena

LA AZURITA

Prima hermana
de la malaquita
es la azurita

La luz que reparte
las doce rebanadas
del pan azul celeste

Es un mar que se desgrana
es un mar que se desangra
es un mar sin alas de agua

Y la azurita lava
la azurita cocina
la azurita plancha

En el ojo de la aguja
no halla la puerta
de otro mundo

¡Cómo no va a lavar
cómo no va a planchar
la azurita todos los caos!

LA TURMALINA

La variedad de colores
de los racimos de turmalina
es la mayor que se conoce
entre todos los minerales

Un solo cristal de turmalina
puede tener varios colores
y ondear como una bandera
o reír como una sandía

Todas estas máscaras
se reúnen en el cónclave
del trono del pavorreal
clamando su excelencia

Del ojo iridiscente
de sus largas plumas
nacerán las salmodias
de sus predilecciones

Dravita de paloverde
rubelita de palo rosa
multicolor elbaíta
de palo arcoíris

Sin olvidar
el denso grito
en la oscuridad
antigua del chorlo

¡Un abanico de 108 voces!

EL GRANATE

El granate es la fuente
de nuestra más pura dicha
entre los frutos maduros
del Jardín del Paraíso

La minería en cambio
es la cumbre indiscutida
de nuestra mayor tristeza
y de todas las desgracias
que asolan al planeta

EL ÓPALO

Como una cabeza reclinada
en la sangre azul de la noche
que por volver a su elemento
se remonta sobre las olas
de un enigma ultravioleta
hasta dar con la aurora
de los calendarios

Allí donde las aves
del tiempo depositan
un huevo de ceniza
más pura que el azúcar
y encuentran salvación
en la virgen de piedra
que lenta se transforma
en el fulgor de una herida

El ópalo arrastra el manto
de las más tristes edades

Y en su mano resplandecen
sendos anillos paralelos

LA TURQUESA

Hay una mujer llorando
tras la ventana ambarina
por la vida de sus muertos

Presa del insomnio se mira
las manos desconsolada

Su temor es perderse
en uno de esos pasajes
que el olvido ha construido
para seguirle el hilo al tiempo

Recuerda el mar turquesa
playas de arenas blancas
y un nombre alucinante

Pero el mayor peligro
para ella es enredarse
como la mosca del alma
en la telaraña del sueño

En la palma la turquesa
esconde mil palmares

EL LAPISLÁZULI

El lapislázuli despliega su imperio
desde los polos hasta el ecuador
y va goteando en los océanos
sus verdades inmortales

La bruma que lo envuelve
como un planeta electrizado
nunca dejará que llegue a ser
una nueva manzana de la discordia

LA ESMERALDA

I

Una rara voracidad
de los ríos subterráneos
que nunca se detienen
en el vientre de su madre
ha venido a dar a luz
en el corazón de la selva
una esmeralda

Su nombre encierra
herméticamente
el esmerado vuelo
de todas las palabras

Porque así como es arriba
es abajo y viceversa

Entonces
nos preguntamos
¿dónde queda la libertad del hombre?

II

Esta rara lágrima de la naturaleza
de sueños y prismas esmerilados
lleva millones de años en espera
de que los hombres la conviertan
en la obra maestra del misterio
y la libertad por un acto de fe

EL DIAMANTE

I

En la complicidad
del sol y del carbón

Cristalizan las reglas
adánicas de este juego

De esta cámara secreta
donde la luz proyecta
sus películas mudas

En esas profundidades
donde se gesta el sueño

Y donde anida el fuego
del solitario arcoíris

El ave de siete colores
que con las alas abiertas
aún no se anima a volar

II

Un corazón de vidrio
que puede cortar
cualquier metal

Extiende ya
su fuego lento

Extiende ya
su isla de agua

Extiende ya
su mes de enero

Extiende ya
su collar de rocío

Y nos deja ver
en forma brillante
una respuesta original

III

Bajo el cielo insoluble
de ancestrales enigmas

De polifacéticos climas
y su filosofía del instante

Entre un sol indomable
y la rosa por ser labrada

Hay que sacar mucha tierra
para dar con un diamante

RELÁMPAGOS PARALELOS

I. Tradición

LÍNEAS

A Wang Wei

El mundo vuela
        un denso perfume lo envuelve:

Rompe el cristal
        tiñe el cielo de radiantes colores.

En el viento busca
        la proximidad de unos labios…

Hunde el pincel
        en la carne celeste, en el rubí.

RECORDANDO
LAS MONTAÑAS DEL ORO

A Li Po

Las ventanas apuntan al Oriente
pero el Poniente toca a la puerta:
la música y el ruido conversan…
el silencio canta entre los cuervos.

La noche en la montaña nos dice
que hay otro mundo en sus alas:
un dragón se disipa en el aire…
flotan en el agua lunas de oro.

BRISAS PASAJERAS

A Tu Fu

Un estanque al pie
de las estalactitas en el cielo abierto:

Mojo mi corazón allí,
luego lo enjuago, lenta, cuidadosamente.

Mil pequeños recuerdos
reverberan limpios en el cielo petrificado.

¡Qué difícil es andar así,
trasvasando de una forma a otra… y otra… y otra!

FUI COMO LA HIERBA…

A Po Chu-Yi

Sólo un instante aquí, hermano,
sólo un instante aquí:

Gozamos de un poco de espacio
y un poco de tiempo;

Porque sólo somos unos pobres
seres humanos…

¡No hacen falta las lágrimas
para decir que sí!

TARDE DE OTOÑO

A Tu Mu

Las nubes
nos señalan direcciones,

La voz
con la edad del hombre canta,

Bajo el cielo
la luz crece en silencio

Y borra
con su melodía las palabras.

EN EL PABELLÓN DE JADE

A Ou-Yang Hsiu

En mis ríos, en mis montañas,
viene el ascenso…

Y yo me elevo: el cielo también
es mi cuerpo.

La atmósfera lentamente se calienta
con mi aliento

Y cada pájaro, cada nube, cada estrella
es un poema.

MEDITACIÓN

A Su Tung-Po

No he plantado un árbol,
he plantado doscientos;

No he escrito un libro,
he escrito veinte;

No he tenido un hijo,
he tenido dos;

¿Y qué saco en claro
de todo esto?

MEDIODÍA DE PRIMAVERA

A Su Shih

Vagan parejo con el mar
esas tranquilas barcas:

Mi puño y el viento
en la transparencia.

Hilo. Brillo. ¡Oh sol!
Sutilezas que navegan…

¡Estruendo de chicharras!
Comulgo en silencio.

REVERSO DEL POEMA

A Guillermo de Poitiers

Éste es el reverso del poema:

Blanco, presente y silencioso,
cantando entre las líneas,
y debajo de las letras
de tinta invisible.
Reticente.

Esos sordos labios
que hacen a la nada
silbar con armonía.

Esperando que caigan

    una
      por
        una

las horas escritas.

TANKA ESCRITA
OBSERVANDO UNA PINTURA
DEL EMPERADOR HUIZONG

A Saigyo

Dos aves cantan
posadas en las ramas
sobre el abismo

y en sus plumas pintadas
los astros resplandecen

LA CASA DE LA EXPERIENCIA

A Rumi

En la casa de la experiencia
todo el tiempo se sabe
con la ventana abierta
si el viento sopla
o si afuera llueve.

En la casa de la experiencia
todo el tiempo se sabe
con la puerta abierta
si es que de pronto pasan
los Dioses por la calle.

LA CASA DE LA SABIDURÍA

A Kabir

El caballo sediento sabe
si es que el río lleva agua.

Las boyas de colores saben
qué tan tranquilo está el mar.

Y sólo la abeja entiende
el poema de las rosas.

CANCIÓN DEL COPAL

A Ayocuán Cuetzpaltzin

¡Oh mis amigos!
¡Oh mis amigos!

La colina del incienso
ya se enciende.

La punta que lleva la delantera
penetra en las alturas:

Se enciende,
se prende, mis amigos,
se prende sin remedio.

Va rumbo a la ceniza
con alas de humo,
con guantes de niebla.

Ya se prende,
ya se enciende, mis amigos,
nuestra amada colina de copal.

SONETO CON ALEBRIJES

A Luis de Góngora

Una mujer nos llama hacia el camino:
una mujer, al cabo, nos espera:
cabo y llama, concurso de la cera,
traman su tráfico luciferino…

Para darle una luz al peregrino,
para ser el espacio que genera
la manifestación y la primera
señal de otro paisaje gongorino.

Porque el hombre será de la materia
—si vela, se disfraza, se divierte—
que la columna forma de arrecifes;

Mientras que el eco rojo de una arteria
con el pretexto de reconocerte
le da a mi corazón sus alebrijes.

SONETO MONOMANIACO

A Francisco de Quevedo

Di:
¿Qué?
¿Fui?
¡Fue!

Y…
¿Qué?
¿Sí?
¡Sé!

¡Ah,
la
fe

Del
que
ve!

DÉCIMAS DEL SESSHIN

A sor Juana Inés de la Cruz

Inhalas números nones
y exhalas números pares:
no hace falta que compares
todas las presentaciones,
pues no son contradicciones
ni tampoco diferencias;
sólo son frascos de esencias
destapados, hoy por hoy,

para comprender quién soy
entre tantas apariencias.

Las sombras son semejantes,
los cuerpos son diferentes,
algunos están conscientes
y otros siguen igual que antes,
creyéndose muy importantes
sólo porque están aquí.
Si yo sé bien que sufrí
desde el mismo nacimiento,
¿para qué tanto aspaviento
después de decir que sí?

RENGA

A Basho

I

Veraz vertiente
donde el geranio asienta
su paz de pobre

*

El agua corre
por el sueño que mira
sin saber dónde

*

Por la pura luz
de la sombra que esconde
la realidad

*

Por la verdad
del signo separado
de su consigna

*

Sueño, luz, cobre
¡suave mercadería
de mil colores!

II

Porque el origen
quiere dar un recado
al corazón

*

Están distantes
los ecos de las cigarras
al mediodía

*

Humo de hojas
desde las altas nubes
llueven las frondas

*

Filiales sombras
que rebanan el suelo
como un pan

*

Todo lo dan
por ser y por no ser
originales

III

En el jardín
de la mente la esencia
de este jardín

*

En la conciencia
no conoce la envidia
la bugambilia

*

En la corriente
guarda la claridad
de los colores

*

Caballo verde
la luz es para ti
lleva las flores

*

Las voces rojas
que extienden su presencia
sin desentonar

HAIKÚ:
LA LECCIÓN

A Kikaku

Hoja que cae
si le pones un nombre
¡la mariposa!

HAIKÚ: DESIERTO
DE LAS FLORES

A Buson

Se ha convertido
en una rama seca
la viborita

LA VOZ DEL VIEJO BARDO

A William Blake

Porque ya está escrito
en el Libro de los Vientos
que el tiempo y el azar
han de borrar sus hojas,

Darle la espalda al mundo
por un banquete no es locura;
y nacer al mundo por el puro gusto
es casi comparable a la Eternidad.

¡Oh Bardo, a las orillas del corazón
tú desamarraste nuestras vidas
como si fueran barcas de colores
temblando bajo la luz del sol!

Demasiado bien sabes lo que es
la Belleza. Es el Árbol de la Vida
soñando el sol y las estrellas.
Es el vino soñando con el pan.

HAIKÚ:
RECORDANDO A RAIZAN

A Issa

Los estorninos
todo en ellos es bello
menos el nombre

LA EDAD DE ORO

A Victor Hugo

Ésta es la Edad de Oro en el centro del ciclón.

En este viento florece la luz y no hay tristeza.

Las plantas de los Dioses dan frutos potables:

Bebamos el resplandor de su eterna promesa.

UN DESDICHADO MÁS

A Nerval

Yo soy el desdichado del lugar:
un poeta sin Musa y sin Amante
pero que amando el arte de trovar
la vida por amor… sigue adelante.

Camino del jolgorio y del juglar,
soy a la vez camino y caminante:
me tomo libertades al tomar
un vino por un ácido diamante.

La vida en rosa para disfrutar
de todas las delicias de un jardín
festoneado con crema Chantilly…

¡Oh vida miserable que al cantar
se convierte por arte baladí
en himno de alabanza y Arlequín!

EL VENENO LUMINOSO

A Charles Baudelaire

La luna es la paciencia de la sangre, el mar de las miradas, la Madre de las almas y la conciencia del adiós. Es un espejo de mansas olas donde se regocija el cielo y una polvera de sombras plateadas para poder ver a Dios. Una oración capaz de enloquecer al mundo y un silencio capaz de mejorarlo. La luna es la realidad poética conservadora por excelencia: un ejercicio de tolerancia y un método de liberación exterior. La luna nos revela este mundo pero, al mismo tiempo, oculta otro. La luna es un pan para todos; un alimento bendito; un veneno luminoso. Lo mismo aísla que une, muestra que guarda, repele que atrae. A veces invita al viaje, y a veces es un retorno a los orígenes. Inspiración del vacío y aspiración de la ausencia: el sol, la dulzura y los pequeños misterios la alimentan. Hija de la memoria, como las Musas, es ella misma una Musa tan bien proporcionada y tan profundamente racional que no deja de redondear mes tras mes todas nuestras ideas. Al mismo tiempo, tiene las ocurrencias más disparatadas y en resumidas cuentas está más loca que las siete cabrillas. La luna es un caracol en el océano oscuro del cielo donde resuena la música de otras esferas y otras cajitas, de otros metros y otras rimas, que no son sino ecos de colores, perfumes del tacto, gusto por las correspondencias de la armonía universal.

Y toda esa atmósfera fosfórica pensando y diciendo: "Soy vértigo, éxtasis, arrobamiento, sonidos plañideros y cristalinos, refracciones de luz, profundidades indefinibles, ingravidez, olores y sabores agudísimos; y como síntesis de estas sensaciones y efectos, una lucidez que silenciosamente lo consume todo".

DICKINSONIANA

A Emily Dickinson

Di tu Amor – a cambio de tu nombre
Di tu nombre – formado en otra vida
Di tu forma – de sueño ensimismado
Di tu sueño – a cambio de un amor

EN CASA

A Paul Verlaine

El cielo es mi refugio
    en todas partes

Los pájaros mi música
    perfecta

Y las nubes mis cómplices
    del arte

Del viaje de la vida
    en esta tierra

AL SOLVENTE UNIVERSAL

A Tristan Corbiere

Bendito diente de león viejo
    ilumina mi entrecejo.

Bendito corazón de la vendimia
    muéstrame el camino de la alquimia.

Bendita garra de la selva oscura
    sálvame de la literatura.

Bendito sueño profundo de la vid
    despéjame el camino de Madrid.

Bendita transmisión de las correas
    dámelas maduras aunque feas.

Bendita Virgen que a vivir enseñas
    .   ya me darás las contraseñas.

Tres veces bendito el cielo colosal
    bendito el sol… el sol… el sol…
    ¡Bendito el solvente universal!

CANCIÓN DEL DRAGÓN DEL CIELO

A Rubén Darío

Desde un mar de nubes
que en oro se inflama
el Dragón escupe
una perla en llamas.

El mundo es tan grande
o el mundo es tan chico
que de pronto cabe
¡en un abanico!

Y los ojos se abren,
los ojos se cierran
como flores que arden
al besar la tierra.

Estrellas del Norte
y estrellas del Este,
son el pasaporte
del Dragón Celeste.

Y baja rodando
según es su estilo

muy de vez en cuando
por la escala de hilo…

La perla en la nuca,
la perla en el vientre:
¡La perla de nunca!
¡La perla de siempre!

Que bajo los filos
de la espada en llamas
sólo somos hilos
de las oriflamas.

HAIKÚ:
UN REGALO DE DANA

A Shiki

Las flores secas
sólo cuando las miras
se quedan quietas

FIN DE LA RIMA

A Jules Laforgue

Dulce de enero
gusto certero

Luz de febrero
embarcadero

Aires de marzo
nubes de cuarzo

Mano de abril
sueño febril

Rutas de mayo
falta un ensayo

Frutas de junio
no hay infortunio

Voces de julio
Raymundo Lulio

Luna de agosto
pasaje angosto

Sol de septiembre
para el que siembre

Canción de octubre
que el cielo cubre

Sol de noviembre
que ya no siembre

Fin de diciembre
fin de la rima

II. Ruptura

LOS LIBROS DADOS

A Stéphane Mallarmé

Tal vez desde el fondo del naufragio estelar
de los residuos de aquella primera explosión
—lentamente— la luz y las sombras hendidas
en medio de esta transparencia logren conjurar
un arca nueva: un horizonte azul y la blancura
del viento y los sentidos… un árbol de espuma
las olas de un poema sin más cifra que el vuelo
de las naves: el águila real y la luna regresan
más acá de la imagen por un abismo sin memoria
—otra vez— al punto de partida… la semilla
una isla de silencio: la razón y las sirenas
en otro cielo bajo la constelación de la raíz

EL VACÍO

Al Conde de Lautréamont

¡Qué espectáculo más desolador!
Con los miembros despedazados y el tronco cubierto de llagas,
tirado de bruces sobre un charco de sangre a medio coagular, y
semioculto tras una nube de moscas, yacía un cuerpo sin vida.

Su fin no podía haber sido más terrible ni su derrota más contundente. Después de tantos esfuerzos y de titánica resistencia, tras eternos años de penosa lucha, había finalmente sucumbido, en una de las batallas más pavorosas y desiguales de que se tenga memoria.

A su lado, orgulloso, se erguía el vencedor, mostrando una presencia impasible e insondable, sabedor de sus recursos y su fuerza, a la que nada ni nadie habrían de escapar.

Con la mirada fija en el horizonte, y una esbozada sonrisa, propia de aquel que desconoce la derrota, El Vacío se proyectaba majestuoso más allá del tiempo, con la destrozada víctima a sus pies.

LA BARCA SOBRIA

A Arthur Rimbaud

Al ir recorriendo la costa de África
Ya no sentí guiarme por los viejos libros:
Se los había llevado el tiempo en la corriente
De los años perdidos tratando de escribir.

Inútil, pues, buscar en el *Rimbaud en Abisinia*
De Alain Borer, un ancla para mi vagancia:
Nada me importaban ya ni la onerosa carga
Ni las quejas de la tripulación; y sin embargo…

Me sorprendió encontrar en el muelle de Djibouti
Una vieja barcaza de proa negra entre la espuma
Que con letras carcomidas —como dientes picados—
Ostentaba el oscuro nombre de "Arthur Rimbaud".

La tempestad de los años la había abandonado
Allí, en la cima de un improbable monte Ararat
Sin más fauna que los mosquitos y las moscas
Verdiazules bordoneando la hedionda cala.

No pude pensar en otra cosa en ese instante
Que en lo que a falta de mejor nombre llamamos
"'justicia poética". ¡Oh, sí, qué mejor monumento
Para Rimbaud que una barca flotando a la deriva!

Más tierna que la carne de una fruta inmadura,
con el agua salada penetrando en sus costados:
el cuerpo de un náufrago flotando como un corcho
sobre las olas bermejas de un océano de vino.

CASCADA DE HAIKAI

A José Juan Tablada

En la ribera
muchos juncos dormidos
casi despiertan

En la corriente
primavera y deshielo
que se presiente

En la cascada
un martín pescador
¡Ay, casi nada!

ENTRE LAS MOSCAS

A Antonio Machado

Podría pasarme la vida
observando a una mosca,
sufriendo sus cortauñas
de incomprensible saliva,
sus anteojos de carey,
sus dientes de oro…

Podría pasarme la vida
simplemente oyéndola
hablar de sus penas
y de sus ilusiones
en la ventana…

¡Y es que hay que ver
cómo sufre una mosca
enamorada de un cristal!

VENUS DE LAUSSEL

A Rainer Maria Rilke

¡Qué encarnación de lumbre cenital:
Venus esteatopigia de Laussel!
¡Rotunda claridad de sol y sal:
Venus de Willendorf y Le Portel!

Más suave que la arena y que la cal,
más dura que la piedra y el cincel,
esta Venus bifronte es un portal
a los triples misterios de Babel.

Porque, viéndolo bien, ¿en cuántas lenguas
se pueden expresar las llamaradas
de los pechos y el sexo descubiertos

Sin caer en un ciego trabalenguas
ni dejar que la luz de las miradas
escape de los ojos siempre abiertos?

DAVY BYRNES PUB

A James Joyce

La chica es más real
que Dios
en el Pub Moral
de Joyce.

LOS INDOCUMENTADOS

A William Carlos Williams

Una vez
en El Paso,
hacia el atardecer,
vi (olí)
a diez mil indocumentados.
Venían del desierto de Chihuahua
a trabajar en la pizca.
Llenaron los parques
de la ciudad para dormir.
Sus ángeles guardianes,
las alas temblándoles,

huyeron
        tras una lluvia de improperios.
           Les dejaron libre el terreno
a los agentes de la patrulla fronteriza.

THE CLOISTERS

A Ezra Pound

He de encontrar
las huellas en la nieve
del unicornio

PA DE MIRO MERA

A Hugo Ball

Liu ágala line la gerera
dele terre lau date me nocori
va ete lemí fera tanía
cal en dar em estivudiera
fare del ente foro…

Mani laes te me dierola
na falin de ver ta moche
ma quer ele ni daya
fe sar dil ante rito
molí den ate y forte
came ne seridama.

Lalé la liuy
damer sa nin dol trofo

calen dermita nor
emis tane felím.

¡Gao-San de metu!
remel sANÍ boler amal
sen tau la me di forte
caení der ami talo.

¡Pa de miro mera!

CATABASIS

A Saint-John Perse

¡Oh padre, Oh madre! Ya los tiempos me anunciaban las
buenas nuevas en racimos.

Las estaciones al pasar lentamente dentro de los árboles
cambiaban de color nuestros pensamientos. Y en la tienda dormía
la mujer al amparo azul del palomo zureador.

Pero algo pasó que su perfume se volvió más amargo que la
endivia, y las lluvias torrenciales nutrieron los ríos con sombras y con
toda clase de prevaricaciones contra la tierra. Las aguas de lluvia
pulieron las piedras dejando al descubierto una terrible inscripción.

Nunca, como entonces dudaron tanto los sacerdotes de lo que
se había visto en la primavera ni las plantas del lago avanzaron tan
lejos de la orilla ni las palabras fueron más duras que el marfil de los
cofres, una mañana, diciendo: la hiedra, las cabras, el sudor…

¡Ah, si la muerte hubiera sido otra! Pero aún estaban tibios los
días de las tormentas. Y no acababa de formarse el capullo del gusano
de seda ni se ponían de acuerdo los grandes comerciantes en los
precios de la sal, la uva, el lapislázuli, la esponja y la canela.

Nunca como entonces en el espejo de las aguas del lago se pudo ver la luz púrpura del sol teñir de dolor el tumulto del mundo sobre las cúpulas del Sagrado Corazón.

Pasarán las mañanas y las angustias… y otros violines y otras piedras se acercarán a beber de nuestras manos como si fueran niños.

Aunque no siempre fue (ni siempre será) así. Porque, después de todo, detrás de la puerta del lago un potro de cobre dormía…

MI PERRO

A Robinson Jeffers

Suenan los platos
Y los cubiertos en la cocina.
En el cielo hay un sol tibio:
Ya casi es primavera.

Mi perro se recuesta
Mansamente junto al vidrio
De la puerta de la cocina.

Aunque se encuentra fuera,
Le gusta ver el movimiento
Dentro de la casa.

No hace mayores aspavientos
Y simplemente se contenta
Con vernos a la distancia.

Sin embargo, sus reacciones son tibias:
No aparece la fuerza eléctrica
De los músculos atentos;

No se enardece al llamado del amo
Ni saliva con el olor de la comida.

Lo mismo sucede con el trato social,
Tan decente, tan correcto, tan activo…

Se trata de ver el mundo
A través de un cristal empolvado.

Y no hay estremecimiento,
No hay dolor, no hay compasión.

GREGUERÍAS

A Ramón Gómez de la Serna

El hombre es el eslabón perdido.

Paraguas: radiografía de la tormenta.

¿Dónde y cuándo has visto un río recto?

Con mi cigarro quemé el cielo: ¡le hice un sol!

A río revuelto, ganancia de pecadores.

En tierra de ciegos el músico es rey.

La luz es la sombra que se cansó.

Río: puente de agua.

CANCIÓN DE LOS
CUATRO DONES

A Ramón López Velarde

Mi nana Julia me dio
el primero de estos dones:
el ritmo de una canción
que limpia los corazones.

Después mi abuela me dio
el ejemplo de un artista:
—forma, textura y color—
privilegios de la vista.

Y Argentina me obsequió
en mil y una noche blancas
la luz de la tradición
para contar cuentos de hadas.

Por último, fue mi madre
quien me dio el mejor regalo:
la música del silencio
tras la delicia del canto.

LA LEY DE PESSOA

A Fernando Pessoa

Poseer algo es perder.
Sentir sin poseer
es conservar
la esencia.

SOLEDAD

A Giuseppe Ungaretti

Que no tarde la extraña
que no extraña la tarde

ZOZOBRA

A Anna Ajmátova

En este reino yermo que fuera de aves
bañado por las lágrimas del siglo
no hay más color que el gris…

Vagos fantasmas del aire y del agua
leyendo en su testamento
las desventuras de la estrella del amor…

Esa quimera que le supo prender fuego
al lado luminoso del abismo.

AGNUS DEI

A Marina Tsvietáieva

Nada por la ley,
Sólo porque sí –
Tú no estás aquí
Para ser un rey.

Mira la crueldad
Como ensoñación
De tu devoción
Por la humanidad.

Sólo la mitad
De cada canción
Da la sensación
De la realidad.

Nada sin la ley,
Mundo baladí –
Tú eres para mí
Sólo un *Agnus Dei*.

EL PRIMER POEMA

A Richard Huelsenbeck

no mi do do sia
ai no foto
nado
en dada
en dodo
ai doto
a doto
ya

umba!
umba!
umba!

PERRO DE SOMBRA

A Vladimir Maiakovsky

Sin cinismo
los ojos llegan a su punto naciente
y se levanta en la mira
una luna negra.

¡Revienta!
No puedes más
que un hombre al que se le está apuntando
con un índice de fuego.

Enterrados los huesos,
las sonrisas halagan
a las pulgas en sus sábanas blancas.

Corre por la media de seda
un hilo de sangre.

LEVADURA

A César Vallejo

Al fin de la mesa redonda
y muerta la literatura, vino hacia ella un crítico
y le dijo: "No mueras, te amo tanto!"
Pero la literatura ¡ay! siguió muriendo.

Se le acercaron dos profesores y repitiéronle:
"No nos dejes! ¡Valor! ¡Vuelve a la vida!"
Pero la literatura ¡ay! siguió muriendo.

Acudieron a ella veinte, cien, mil, quinientos mil,
estudiantes: "Tanto amor y no poder nada contra la muerte!"
Pero la literatura ¡ay! siguió muriendo.

La rodearon millones de lectores,
con un ruego común: "¡Quédate hermana!"
Pero la literatura ¡ay! siguió muriendo.

Entonces, todos los poetas de la tierra vinieron,
la rodearon; los vio la literatura triste, emocionada;
¡qué más da! Emocionada…

Incorporóse lentamente.
abrazó al primer poeta; echóse a andar…

NIEBLA DE LA ADOLESCENCIA

A Jorge Guillén

Niebla de la adolescencia
en la luz sin estaciones
y en el reloj transparente
de las cosas inmediatas,
dime si cuando desatas
las cintas de la corriente
es para darnos lecciones
de amor y sobrevivencia.

UN NO MÁS GRANDE QUE EL MUNDO

A Vicente Huidobro

Llevamos más de veinte semanas avanzando
—siempre penosamente, siempre a contracorriente—
en esta casa enmarañada donde giran los vientos
y los árboles se cruzan en todas direcciones.

La casa parece no tener principio ni fin
ni muros alrededor ni un secreto centro.
Tal vez no habrá nunca una puerta en esta casa.
Estamos dentro y una ventana abarca cuanto hay.

O tal vez salir sea como perder la partida
y por eso preferimos demorarnos en la casa
castigándonos por nuestros propios errores,
nuestros prolongados extravíos y nuestras culpas.

Pero no está en nosotros el tamaño del castigo
ni el imperio de la ley; ni siquiera el escarmiento.
Tampoco parece que la casa estuviera cerrada
a la luz del olvido, ni por fuera ni por dentro.

Y es que llevamos más de veinte siglos avanzando
lo mismo en el balcón que en el sótano y en la azotea,
sin haber podido recontar los restos del naufragio
y sin ordenar nuestras exiguas pertenencias.

Pero si hemos de seguir dando vueltas
y girando alrededor de la misma prisión,
de la misma emboscada y del mismo asilo,
que sea soga en mano para acabar con el tiempo.

CUBREFUEGO

A Paul Éluard

Una duna
bajo el rayo del sol

Una gota
de leche en la mejilla

Una uva
sonriendo en el mantel

Un collar
de perlas pintadas a mano

Un camino
entre las páginas de un libro

Una llama
tiritando en medio de la noche

CADÁVERES EXQUISITOS

A André Breton

I

Otra vez
cuando anochece
la luna es oro de baraja antigua

A su resguardo
el pensamiento es flor

de oscuridades
grillo de pausas

La primavera
apenas un manzano
entre los pinos

Los silencios cantan
¡cómo no temblar ante sus voces!

II

Un árbol de monedas
agita su melena
fiera donde el aliento
se sostiene

Deja vibrando flores
pensamientos
que lanzamos a su tronco

Esparce luz violeta
que nos deja ver
lo que era el cielo

Un poco más de cada uno
en los círculos minuciosos
que nos rodean

Las sombras
en su tenue movimiento
advierten una distancia

Las ramas en su oleaje
nos acercan una vez más

Bajo el cielo fuimos
y no somos extraños

Sus colores
nuestros ojos reconocen

III

Desde la impermanencia
penetro con pie firme
en el poema

En columna de humo
luz de abril

Abres el piano
vuelan las horas

Una línea
donde el mundo pende

Retraído en el follaje
la hora de la savia.

POEMA RESQUEBRAJADO

A Antonin Artaud

Algo tengo atrapado
en el sol de la lengua.

Hoy termino.
Soy ya
hedor inmundo,

CLOACA

Huesos de gallina
y un disparo…

¿Detrás de mí?
No sé.
Pero, ¿por qué yo?
¿Por qué siempre yo?

Un reloj óseo,
cavitando, calcáreo,
intacto en el tiempo.

Yo mismo
resquebrajado…
la última cerca del infinito
queja en boca de la inconsciencia.

LOS QUE REBANAN EL QUESO

A Bertolt Brecht

Los que rebanan el queso
predican la resignación.

Los que se clavan los impuestos
exigen del pueblo austeridad.

Los que comen hasta hartarse
piden que nos apretemos el cinturón.

Los que le han prendido fuego al país
juran que todo es por nuestra felicidad.

ROMANCE DEL AJEDREZ

A Federico García Lorca

Casas blancas, calles negras,
negro negro el empedrado,
y entre la luna que alumbra
y las sombras al costado
del humo surge un fantasma
con la forma de un soldado.

¿Quién eres tú? —dice el Rey
con el corazón en vilo—
Soy el alfil que te pide
que te rindas, ¡o te rindo!
Y al punto saca la espada
para cortar por lo limpio.

¿Para qué haces tanto ruido,
tanto *jaque* y tanta nada?
Mejor envaina la espada
que dignamente me rindo.

Si yo he de morir primero
que tu rey y sus milicias,
es porque ya está desierto
el romance y el tablero
de mis noches y mis días.

Y sin mirarla siquiera
el alfil guardó la espada
bajo las estrellas frías…

ESQUEMA PARA UNA ODA CELESTIAL

A Carlos Pellicer

Tejiendo sus nubes de colores
la Tierra se ha quedado dormida.

Mientras que el Sol mantiene
encendido el fuego del hogar.

La Luna se echa maromas
en la alfombra desgastada.

Y formando dos ejércitos Marte
juega con sus soldaditos de fierro.

Venus se contempla
pizpireta en el espejo.

Mercurio, el más pequeño,
toma su leche caliente.

A Júpiter le gusta dar órdenes
que, por cierto, nadie cumple.

Y el abuelo Saturno vigila el reloj
en la penumbra de la habitación.

Urano, Neptuno y Plutón
son tres estrellas diminutas
que parpadean tras la ventana.

LA LEY DE MICHAUX

A Henri Michaux

Llevas en ti todo lo que has perdido.
Todo reaparece transfigurado como en un sueño.
Decir adiós es la mejor forma de conservar lo que amamos.

CUARTETAS DEL LADO
DE LAS COSAS

A Francis Ponge

El hombre no es más
que una nave pesada,
una ave posada
a la orilla del abismo.

Y ser hombre no es nada
más que una verdad
cuyo centro de gravedad
no es uno mismo.

LO QUE BORGES VIO EN EL CINE

A Jorge Luis Borges

Aquella noche Borges fue a ver *Lawrence de Arabia*. Pero, ¿qué digo ver? Fue a escuchar *Lawrence de Arabia*. Borges fue a escuchar las murmuraciones del desierto y el silencio del íntimo puñal y su destello bajo el sol y aun los escasos diálogos (un poco exagerados) hasta que sintió sed… Sí, al igual que todos los demás espectadores

Borges sintió sed. ¿Sed de qué? ¿De agua? ¿De luz? ¿De amor? No. Sintió sed de la distancia: un horizonte inmenso que sólo en raras noches había logrado volver a ver. Un horizonte ondulado por ese espejismo que tantas veces me explicó mi padre y que nunca conseguí entender del todo.

Las jibas de los camellos parecían más agudas, y las formas de las dunas más inverosímiles… Y Borges en la oscuridad del cine, en el hueso de la noche, alcanzó a distinguir —un poco más allá de su imaginación— los rasgos ensimismados de un rostro sorprendente que lo llamaba desde la plata taciturna de la pantalla. En medio del fragor del silencio y con el aliento contenido, aquel rostro le dijo:

"Borges,
conozco las costumbres y las almas
y ese dialecto de alusiones
que toda agrupación humana va urdiendo.
No necesito hablar
ni mentir privilegios;
bien me conocen cuantos aquí me rodean,
bien saben mis congojas y mi flaqueza.
Eso es alcanzar lo más alto,
lo que tal vez nos dará el Cielo:
no admiraciones ni victorias
sino sencillamente ser admitidos
como parte de una realidad más grande,
como las piedras, la noche y el cine,
la ceguera y el tigre, la hora y la luz,
los árboles y las palabras."

ACORDES

A José Gorostiza

Un vaso de agua
colmado hasta los bordes

Me recuerda que el mundo
tan sólo es un pañuelo

Y la palabra el señuelo
de los acordes.

LA FAUNA
MARAVILLADA

A Rafael Alberti

En el cielo de Altamira
hay un río de agua clara
que atraviesan los bisontes
para ver nuestra mirada.

Ni las palabras más puras
ni el resplandor de la nada
logran lo que estas criaturas:
convertirse en alborada.

Una manada de piedra
y unas piedras en manada
que en la noche de los tiempos
se han quedado de carnada.

La fauna maravillada
de este sueño sin reloj
es la luz petrificada
de nuestra imaginación.

LOS DIOSES

Hay dioses blancos, azules, verdes, rojos,
Hay dioses-peces, dioses-instrumentos, dioses niños,
Dioses voladores, dioses-flores, dioses sabios,
Hay dioses de los ojos, de los oídos,
Otros sordos y otros ciegos,
Hay muchos más dioses que máquinas, burgueses y obreros.
Casi no hay más que dioses.

UNA VISIÓN

A Jaroslav Seifert

A la luz del sexo que se mantiene erguido
aspirando el fuego del jardín de las rosas

Vimos renacer a la noche en un suspiro
con todas sus contradicciones en foco
y sus estrellas formando una espiral

Vimos pasar una parvada
de miradas volando como el rayo
sobre las mujeres escondidas en el agua

Y en una oración alzada en un instante
el aire de una canción de trovadores
como un sol rojo más allá del horizonte
o como el eco de un tambor tras la batalla

EL ORIGEN Y LA HUELLA

A Jorge Cuesta

I

Desde la opacidad de un semitono
yo convoco a la noche a cantar
con la palabra viva
para que diga lo que le perdono
y lo que no es posible perdonar
lo deje a la deriva

Viendo en el cielo que el dolor no ha muerto
y en la extensión del órgano que nombra
las formas de la tierra
remonta las argucias del desierto
y en la luz de la lengua aquella sombra
perdida en otra guerra

Sin más ayuda que la de la suerte
de esta especie sin mancha de bondad
que en cada sensación
escucha las promesas de la muerte
y encuentra en las palabras la verdad
de su resurrección

II

Mutación de la forma y de la vida
de la luz y la ojiva de la flama
juntas en apariencia
las consonantes de la seña herida
inmerecida seña que la herida llama
a su vieja dolencia

Al atanor vital que de repente
no recuerda esperar ni ser espera
de la maduración
en la cámara lenta de la mente
de ese fruto que quiere ser por fuera
una confirmación

Pues siempre acaban por volver al fuego
huyendo de la sed que las empapa
de interminables dudas
las palabras que secas salen luego
por una condición que a nadie escapa
sordas ciegas y mudas

III

Flechas del silbo herido por el fuego
como si la canción fuera la historia
para el sol del más fuerte
que en la noche recupera el apego
y la concentración de la memoria
de toda nuestra muerte

Oro de leve fauna que en la cuenta
y en la pista infinita del lenguaje
por un verso fallido

no se desdice ni se desalienta
ni quiere deshacerse del mensaje
para verse cumplido

Laberinto dorado para el hombre
prendido a la paciencia de los guías
que nacen cuando brota
la primera mitad de nuestro nombre
en la ingente vigilia de otros días
en un alba remota

IV

Sonda de la emoción que en cada canto
no reconoce más que la mentira
de una lengua materna
cuya esencia a ninguno debe tanto
como al imán que gime cuando gira
en la brújula eterna

Madre de nuestra madre y padre mío
padre de nuestro padre y signatura
de cúpula sonora
que en cuartos encendidos por el frío
en las ruinas del siglo se figura
ser nuestra protectora

Proyecto de igualdad sin proporciones
tras un punto de fuga que se muda
de la rosa hasta el viento
y que en la línea de las excepciones
no se contenta con mirar desnuda
a la verdad del cuento

V

La mentira del canto busca apoyo
al fondo de la tímida garganta
que a cantar se aproxima
y al calor del sonido aquel embrollo
que toca al que lo escucha y al que canta
de pronto se sublima

Y en la misma medida se resigna
a ser una figura que se tiñe
con la sangre de reyes
reconociéndonos en la consigna
como suyos al hilo que nos ciñe
de razonables leyes

Un pueblo nuevo por la luz bifronte
un sonido en la forma de una fiera
con alas de lujuria
que se reencuentra con el horizonte
como si en cada sílaba surgiera
el sonido y la furia

VI

Blanco caudal de símbolos del eje
y de átomos montando por la rima
en rauda despedida
sin que el ascenso del placer los deje
en la senda prevista y los exima
de otra bienvenida

Un mensaje que va hasta donde nada
queda de aquel amor que se pasea
como carta sin firma

porque el niño se aparta de la almohada
luego de haber leído la odisea
de la luz que lo afirma

Para reconquistar toda la infancia
una estrella en la voz de aquel verano
de harina y de jengibre
la frágil resistencia y la fragancia
en la palma extendida de la mano
me dicen que soy libre

VII

Y al punto reconozco sin enojos
que toda observación es un espejo
de la imagen sagrada
y acepto que en la sed de nuestros ojos
algo topa con otro en el reflejo
de una vida pasada

Imagen reflejada en otra imagen
eco de miles de ecos y el arrullo
del agua en el estiaje
que rauda se desviste antes que bajen
las lágrimas buscando lo que es suyo
a pesar del lenguaje

Un adiós que resiste el melodrama
para hallar en los rasgos del hechizo
la luz de una veleta
sin restarle ni un halo al pictograma
que a la sombra de un pacto se deshizo
del verbo y del cometa

VIII

Como un pez sin más sol que una balanza
como un barco sin más fe que su peso
en la noche del mar
hay un barco escondido en lontananza
y una aguja perdida en el espeso
dialecto de un pajar

Un mercurio de número calado
en sendas naturalezas concebido
como pájaro o pez
que nada porque da por descontado
la afrenta caprichosa del olvido
y el recuerdo a la vez

Una luna de runa rutilante
que en la noche profunda de los hombres
ruega por los que bogan
y puede transfigurar en un instante
la forma y el sonido de los nombres
que mudos nos ahogan

IX

Plata oscura del fuego en la mañana
plata negra del sol en la ceniza
y en la red de la rosa
que en cada adolescente que se engaña
reconoce la prosa por la prisa
la brisa por la broza

Mosca sin dulce y flor de lenta abeja
vocablos de verdad en cada hueso
nos repiten la dosis

de los viejos amantes que en su queja
y a la sombra del sol se dan un beso
con sus metamorfosis

La silueta inocente de esas flores
se revela de cara a la inminencia
de su peregrinar
al compás de un acuerdo de colores
que en su perplejidad y su experiencia
sólo quiere soñar

        X

Siguiendo las pisadas a la cita
del bosque y los sentidos somnolientos
en la herrumbre del cielo
se ve que en el oído alguien habita
y que en la esfera de los sentimientos
hay silencio de hielo

De la sed y la sombra que se escuda
en la blancura atroz de cada hueso
que a la tierra se hermana
una pregunta surge y una duda
que ya no nos exigen ser por eso
la pasión del mañana

Porque en toda sentencia late un astro
de causa y de cadencia resistente
que frágil se transforma
en las metas soñadas del poetastro
que lo mismo desea y se arrepiente
de la musa sin forma

XI

Nada escapa a la rosa iluminada
de la luz transparente y escondida
de la fragmentación
reviviendo esta vida concentrada
donde acaso hubo ya antes otra vida
en su radio de acción

Y no es que la distancia mienta en vano
como no dice nada la mentira
que escondiendo la hora
de la oración sin cuesta y sin verano
nos coloca de nuevo ante la mira
que todo lo devora

Y al fondo del oído un caracol
en el paso del norte espera y danza
que la luz se decida
sin otra profesión de fe que el sol
con la palabra dicha y la esperanza
de volver a la vida

XII

Sólo resta esperar que la promesa
hecha en horas de angustia y al acaso
no se apague sin ver
que es el tiempo el que quita lo que pesa
en la misión del alba y del ocaso
el misterio al ayer

Las virtudes humanas y los vicios
en los hondos paisajes donde imperan
el reloj y los muertos

pues hay en nuestras almas precipicios
que duermen desde siempre pero esperan
vernos llegar despiertos

Vernos llegar erguidos al encuentro
con la pasión intacta y la razón
de ser en el desierto
con las palabra justas en el centro
iluminadas por la devoción
de un corazón incierto

EQUINOCCIOS

A Eugenio Florit

Flores:
amores.

Hojas secas:
bibliotecas.

ADOLESCENTE

A Xavier Villaurrutia

Quema tardes en cantos…

No le queda más
que matar desencantos.

VIENTO DE ÑIELOL

A Pablo Neruda

El viento sopla
sobre las palmeras y juníperos de Temuco
y sube obediente
hacia la frente despejada del Ñielol,
hacia la infancia
de un bosque fragante de pinos,
hacia el pasado
de un comienzo sin fin.

Escucha,
escucha los pinos…
escucha el viento entre los pinos…
escucha el silencio detrás del viento entre los pinos…

Escucha
y te darás cuenta
de que ya has oído todo esto:
ya has escuchado estas palabras antes…

Ya te has asomado,
no a lo que dicen las palabras
naciendo en el centro de la frente,
sino a lo que nos hacen decir las palabras
que fluyen del manantial del entrecejo
construyendo en el camino
un mundo paralelo,
un mundo de índices
que apuntan a la luna
pero que nunca son la luna,
un universo de mapas
que quiere mapear el universo.

El viento sopla
sobre los avellanos y los olmos de Temuco
y sube insumiso
hacia el bosque de araucarias de la infancia,
hacia el inicio,
hacia la deslumbrante luz llena de pétalos
y besos del follaje,
hacia la frente perfecta y despejada del Ñielol.

DILUVIOS

A Salvador Novo

I

Campo de batalla
espacio y tiempo
dos ejércitos, dos,
lucha cuerpo a cuerpo
las voces iban entrando al combate
las imágenes tiraban su red de sonidos.
Estandartes acompañados de guerreros
que vestían como leones o como tigres
de muchísimo antes
y piedras, tablillas,
códices de amate,
volutas, plumas, viento,
capas, escudos, aretes, pecheras,
y las pieles ásperas sobre las pieles bárbaras
y el gran manto dorado del sol
y el color de luna de las vestiduras de las víctimas
y todo el desierto abierto
a las cabelleras cubiertas de tierra

las cabezas sin nombre
con corazón y con vientre
y el Príncipe Esplendor
vestido con briznas de brisa
y una princesa silenciosa
que no era ciertamente muda
y un negro elástico desnudo
con dientes blancos como ojos muy abiertos.
Peleaban todos en mí
cogidos de los cabellos
en un remolino de polvo
tenían todos armas diversas
y distintas insignias
y no hablaban más que una sola lengua.
Y yo lloré inconsolablemente
porque en el campo de batalla
estaban todas las vidas
de todos los rumbos
peleando la guerra de todos los siglos
y era sin embargo tan triste
la victoria!
Entonces prendí fuego a mi cabeza
y las imágenes y los sonidos
flamearon un segundo su penacho
y era lástima ver el vellocino de oro
quemado aquí y allá hasta volverse un leopardo
y aquellas mazas cuajadas de pedernales
y todo el horizonte curvo
con el humo de las hogueras.
También debo decir
que se incendiaron todas las nubes
una por una
y que muchos héroes superaron
estoicamente la muerte
mientras otros bebían sus promesas envenenadas.

Y duró mucho el incendio
mas vi al fin en mi cabeza
el pozo de todas las cenizas
y al descender hasta el fondo
encontré
una criatura sin nombre
enteramente, enteramente desnuda,
sin edad, muda, eterna,
y ¡oh! nunca, nunca sabrá que existen las guerras
y que hay un mundo nuevo al otro lado del mar
y no sabrá nunca que no hay salvación!

Ha quedado desierto el campo de batalla
mi cabeza no escucha ya el rugido de los tambores
mas guarda el silencio de todos los siglos.

II

Realidad virtual
sin espacio ni tiempo
dos veces, dos,
unión de jugador y juego
los seres irreales van entrando en escena
los sonidos prestan su color a las imágenes.
Microchips acompañados de megabites
resplandecientes como sueños de neón
de muchísimo después
y controles, tableros,
códigos digitales,
procesadores, sintetizadores,
repetición instantánea, fast forward, zoom, zap,
y las pieles transparentes como un cristal líquido
y el flujo de electrones borrando los textos
y el color de la luna a través de la pantalla

y todo el espacio abierto
a los cuerpos ardiendo en el vacío
las cabezas parlantes
sin corazón y sin vientre
y la Princesa Esplendor
vestida con pixeles de prisa
y un dragón estruendoso
que es parte de la historia
como el fondo negro
con letras blancas cual ojos muy abiertos.
Aparecían y desaparecían todos en mí
como satélites de letras
que se disuelven en una galaxia de polvo
tenían todos formas diversas
y distintas insignias
y no hablaban más.
Y yo lloré inconsolablemente
porque en el cielo profundo
estaban todas las vidas
de todos los rumbos
liberadas ya de las letras de todos los siglos
y era sin embargo tan triste
el vacío!
Entonces prendí fuego a mi alma
en una realidad no imaginada
flamearon un segundo los canales
y era lástima ver el túnel luminoso
como un leopardo de cuatro dimensiones
y aquellas manzanas cuajadas de estrellas
y todo el horizonte curvo
con el peso de las fórmulas.
También debo decir
que se incendiaron todos los números
uno por uno
y que muchos científicos superaron

estoicamente la abolición de sus teorías
mientras otros seguían sus promesas envenenadas.
Y duró mucho el incendio
mas vi al fin que mi alma
no era sino el color de la resina
una vez que el color se ha ido
y en la transparencia encontré
una criatura sin nombre
enteramente, enteramente desnuda,
sin edad, muda, eterna,
y ¡oh! Nunca, nunca sabrá que existe
y que hay un mundo al otro lado de la pantalla
y no sabrá nunca que tú estás aquí, lector!

Ha quedado desierta la realidad virtual de la página
mi alma no tiene ya un lugar para más signos
ni más siglos por ver que este instante.

LOS TORERILLOS

A Luis Cernuda

Un olán,
un vaivén
acompasado…

Una voz firme,
un capote de luz
y un toro de cartón.

Estoy viendo a los torerillos
soñando con la plaza grande
en los Viveros de Coyoacán.

Estoy viéndome también
como si fuera un novillero
mirando al sol en el follaje:

Luz cernida por el otoño
con truenos y eucaliptos
en el polvo de un instante.

Era otra la ciudad
bajo la luz de la primavera
dorándose en cada una de sus horas...

Allí donde soñaba
la perla con la sombra
y la realidad con la quimera...

Allí donde las nubes
eran memoria y presagio
y dormía la música a lo lejos...

¡Ay! Quisiera ser aquél de nuevo.

ENCUENTRO EN UN ELEVADOR

A Vladimir Holan

Entramos los dos y nos quedamos solos.
Nos miramos en silencio
directo y a los ojos.
Vapor, sudor, perfume...
un aroma seductor que manaba
de su cabellera rubia,
su blusa azul, su falda blanca.
Ella siguió hasta el séptimo piso
aunque sospecho que iba al segundo.

No dijimos nada…
ni siquiera nos saludamos,
y es más que probable
que nunca nos volvamos a ver.
No pasó nada… o casi nada…

Antes de que se abriera la puerta
la sombra de mi mano
acarició su pecho.

UN POEMA

A René Char

Un poema:
alianza del ojo y el oído
en la lengua materna.

*

Un poema:
puente de palabras
entre el espacio y el tiempo.

*

Un poema:
cajita de música
hecha con palabras
que no deja de emitir sentido.

*

Un poema:
boca que oye
y oreja que habla.

*

Un poema:
inauguración de una serie.

SONETO AMOROSO

A Miguel Hernández

Dos árboles ondulan infinitos,
la tarde no se apaga todavía…
recuerdo las miradas de aquel día:
dos en la luz puntuada de mosquitos.

Dos en el tiempo blanco de los mitos,
perfiles decantados, armonía
de tu palabra amante y de la mía,
de tu silencio fiel y mis escritos.

Mariposa febril sobre las hojas
y no bajo la sombra pasajera
que borra la extensión del horizonte

Multiplicado siempre en paradojas
por esa deslumbrante primavera
que desdobla sus alas en el monte.

LA BELLEZA ENTERRADA

A Czeslaw Milosz

Complicidad era el nombre del juego.

Pero, ¿qué nombre darle al deseo de aquellos niños de diez años que en ceremonia secreta se habían jurado guardar silencio en la casa de la maestra de Quinto?

Allí nos juntábamos al atardecer en el jardín a ver las fotos que salían en el suplemento a color de las revistas: hermosas chicas en bikini posando junto al mar.

De todas ellas recuerdo muy especialmente aquella foto de una mujer de nombre rarísimo y encantador: Gina Lollobrigida, la diva italiana que por entonces hacía estragos entre los eternos colegiales del planeta.

Marylin Monroe, Claudia Cardinale, Brigitte Bardot… sus nombres me obsesionaban con sus consonantes dobles, eternas, tomadas muy a pecho.

Pero de todas ellas, la Lolo era mi favorita.

Puedo ver aún sus labios rojos fruncidos en un beso que —no podía ser de otra manera— estaba destinado desde siempre para mí.

Puedo ver la línea profunda de sus magníficos senos ondulando bajo las cintas satinadas del sostén, y la curva rotunda de las caderas que me sabía de memoria como si fuera un piloto experimentado que recorriera esos peligrosos circuitos por enésima ocasión.

Aquella foto era el mayor tesoro imaginable, y como tal fue enterrada —con pompa, ceremonia y circunstancia— en el rincón más oscuro del jardín.

¿Por qué? No lo sé.

Sólo sé que allí, dormida bajo la tierra oscura, yacía la belleza… sí, la belleza.

ARBORESCENCIA

A Odisseas Elytis

Frente a la luz
Sólo inflan el pecho
No sea que se acerquen
Haciendo sonar la campana
Antes de tiempo
Bajen a beber agua
Compañeros del hambre
Una nación oculta
Haciendo gorjear el trigo
Hasta nutrir el deseo
Que le dé refugio
Antes de que el verdor
Y de los tejados
En forma de mujer
Un hijo de la vida
A reclamar
Desde nunca
La dignidad de un árbol
Del atardecer
Y el paciente cordero
En las manos de los Dioses
De ese breve temblor
El rumor del viento
Del crepúsculo

Las estatuas no viajan
Con el viento del porvenir
Los animales de sombra
Del otoño
Y los rebaños de nubes
Desde los pueblos vecinos
Y el mar a la distancia
Entre las ramas
En sus gargantas
De encontrar un oído
A sus huesos
Renazca en un milagro
Descienda el silencio
Con un niño entre los brazos
Que regresa
Lo que es suyo
Y para siempre
Frente a las ruinas
Allí donde el altivo halcón
Reconocen un mismo destino
Que acaso se percatan
De hojas secas
Y la fragante amapola
Humano

LA POESÍA

A Kenneth Patchen

la poesía

nos sigue

nos sigue

nos sigue

nos sigue

nos sigue

nos sigue

nos sigue

nos sigue

nos sigue

nos sigue

nos sigue

nos sigue

nos sigue ayudando a vivir

EL PRINCIPIO FORMAL

A José Lezama Lima

I

Respira al fin amor,
después de mil batallas,
que el salto es siempre tal
que la pasión no es lastre…
y en vez de huir de aquí
recuerda que una noche,
sol cambiante en la luz,
desnuda me miraste.

II

Mar de fondo en la alcoba,
ciclón de continentes,
en dos mitades rotas
por una simple falla:
en poniente al espejo
de una oración perfecta…
¿qué nos dice la luz
cuando la luz se calla?

III

Nada de nada aquí
comienza la partida,
y al cabo de un instante
tendremos mucho sueño…
el triste tiempo pasa

y la ocasión perdida
no deja de buscar
el reloj de su dueño.

IV

La memoria no pierde
detalle ni un minuto
de aquella forma alegre
con su sombra de edades,
que en cada amor fugaz
recoge lo que escapa
a la transformación
de nuestras vanidades.

V

Las corrientes ocultas,
festivas y fluviales,
que son hijas del oro
y nietas de la plata,
y quieren recorrer
otra vez esta costa
para no sofocarse
como a salto de mata.

VI

Que en el muelle de siempre
florecerá la espuma
y el ancla girará
primero veinte grados

y luego veinticinco,
después cuarentaicinco,
hasta llegar al fin
a ciento ochenta grados.

VII

La luz equidistante
que en las cuatro estaciones
y en cada noble esquina
sabe que ha sido hallada
la forma que pregona
sus equivocaciones
por no decir que vemos
después de la alborada.

VIII

Por aquella respuesta
que también nos dibuja,
y la pregunta abierta
de silencio en la frente:
la paloma del cielo
que rompe su burbuja
y en el pecho del mundo
se posa complaciente.

IX

Dos destinos en uno,
que si bien no son nada,
se vuelven campanario

de solemne estatura
a la entrada del templo
que la aurora delata
por un temblor de cinta
mecida en su cintura.

X

Flor de consumación,
cabellera soñada,
descripción de la tierra
que los pies no han hollado,
no puedes pretender
que la vida nos manda
silenciar la campana
por un astro quemado.

XI

Inolvidables fiestas,
mortales inmortales,
que dan la luna gratis
a cambio de la hora
en la lenta distancia
donde fingen los astros
que una peineta azul
se destiñe en la aurora.

XII

Y el principio formal
que beba la victoria,

que beba a manos llenas
al final de diciembre
y al principio del mito
y al final de la historia,
la vocación de nunca,
la vocación de siempre.

DOMINGO DE RAMOS

A Dylan Thomas

Delante de la iglesia
la casulla roja del padre
es como una fogata encendida
en medio de la calle.
La gente que sale de misa
se acerca a calentarse las manos:
lo saludan, platican…
la guerra ha terminado
y el mundo parece
—al menos por un momento—
vivir en paz.

Las campanas de la iglesia
dan las nueve de la mañana
mientras las palomas gordas
siguen luchando por migajas de pan.

EL POETA TIENE Y NO TIENE

A Nicanor Parra

No tiene la pobreza de Cristo.
No tiene la velocidad del zen.
No tiene la eficacia de la yoga.
No tiene la compasión del budismo.
No tiene la sofisticación del Tao.
No tiene la complejidad del hinduísmo.
No tiene la solemnidad de los indígenas.
No tiene el sentido del humor de los sufis.

¿Qué tiene entonces?

Tiene la pobreza de un burgués.
Tiene la velocidad de un coraje.
Tiene la eficacia de un mecánico.
Tiene la compasión de una limosna.
Tiene la sofisticación de un actor.
Tiene la complejidad de un periódico.
Tiene la solemnidad de una quinceañera.
Tiene el sentido del humor de un tractor.

MÁS TRANSPARENTE

A Octavio Paz

NACISTE PARA VIVIR EN UNA ISLA

Más transparente
Que esa gota de agua
Entre los dedos de la enredadera
Mi pensamiento tiende un puente

De ti misma a ti misma
                    Mírate
Más real que el cuerpo que habitas
Fija en el centro de mi frente

          *

FIJA EN EL CENTRO DE MI FRENTE

Más transparente
Que esa gota de agua
Entre los dedos de la enredadera
Mi pensamiento tiende un puente
De ti misma a ti misma
                    Mírate
Más real que el cuerpo que habitas

          *

MÁS REAL QUE EL CUERPO QUE HABITAS

Más transparente
Que esa gota de agua
Entre los dedos de la enredadera
Mi pensamiento tiende un puente
De ti misma a ti misma
                    Mírate

          *

MÍRATE

Más transparente
Que esa gota de agua
Entre los dedos de la enredadera

Mi pensamiento tiende un puente
De ti misma a ti misma

*

DE TI MISMA A TI MISMA

Más transparente
Que esa gota de agua
Entre los dedos de la enredadera
Mi pensamiento tiende un puente

*

MI PENSAMIENTO TIENDE UN PUENTE

Más transparente
Que esa gota de agua
Entre los dedos de la enredadera

*

ENTRE LOS DEDOS DE LA ENREDADERA

Más transparente
Que esa gota de agua

PARISCOPIO

A Paul Celan

Hay un manantial
al pie
del Puente de los Cambios

(un árbol ocre)

un liquidámbar
las hojas sec-
as bric-a-brac

(a brick for Braque)

un trocáico
pie
de sombra
y una paloma

TODA ESA MÚSICA

A Charles Bukowski

La chica en Borders
espera en línea
de espaldas a mí.
Tiene una blusa roja
que aviva el resplandor
de su pelo dorado
y hace juego con las uñas
de sus pies.
Tiene bonitos pies.

Yo estoy detrás de ella
sintiendo su perfume
en cálidas oleadas
y sus ojos
que no se encuentran
con los míos.
Lo mejor de la chica
es su perfil.

Sé que en un sillón
junto a la entrada
cómodamente sentado
en su cómoda vida
la espera su galán
californiano.

La vida es buena
y todo en ella es fácil
parece decir…

La cola avanza,
la chica paga
(un curso de francés
para escuchar en el auto,
probablemente un BMW
o un Mercedes)
y se pierde luego
bajo el sol de San Diego.

Yo me quedo.

Pido un café
y escucho la música
que resbala en el fondo:
una triste balada
de Billie Holiday…

La vida es difícil
y triste para todos,
parece decir…

ay, toda esa música.

CHÉ NIÑO

A Cintio Vitier

Una criatura baja por el río Paraná.
No ha de llegar a Buenos Aires…
en Rosario le espera el mundo
con su barca de enfermedades tropicales.

El penetrante olor del cloroformo,
el brillo insidioso de las agujas,
y esa tristeza —como el asma—
que va creciendo por dentro.

El escarpado camino de las fiebres
hasta un par de ventanas abiertas:
la salud que da la luz del sol,
la voluntad de subir a la montaña.

De las ruinas al leprosario
y por las noches al mar…
Temprano comprendiste, Ché,
la transparencia del viaje.

ADIVINANZAS

A Vasko Popa

MANZANA

La sirena del bosque.

*

NARANJA

El buen humor del sol.

*

SANDÍAS

Sonrisas junto al río.

*

UVAS ·

Lágrimas de la tierra.

*

CEREZAS

Besos de colegiala.

*

ZARZAMORA

Panal de oscuridad.

*

CIRUELA

Rosa descalza.

*

DURAZNO

Mejillas de lluvia.

*

FRESA

Una fogata en el invierno.

*

MENTA

Un abanico en el verano.

*

PITAYA

Un flamenco en la neblina.

LA DESOLACIÓN
DE LOS ÁNGELES
EN EL ESPEJO

A Jack Kerouac

La tierra gira
¿a cuántas revoluciones
por minuto?

El jazz borra
los rostros encendidos
por la noche

Y en lo más alto
un momento de blues
ultramarino

¡Furia del rock!
los sonidos nos liberan
de las palabras

¿Cómo escuchar
el disco de la luna
sin su color?

Día nublado
el tigre no se oculta
en la montaña

El hombre corre
ciervo de paradojas
pero no su conciencia

Para el enfermo
entre la tierra y el cielo
¡la hierbabuena!

Los patos grandes
les comen el mandado
a los patitos

Los puros huesos
para las tristes moscas
son suficientes

Y mientras dura
¡sonrían por favor
caricaturas!

EL HIJO DE NICOLA

A Pier Paolo Pasolini

La luz de la cochera está prendida.
Son casi las 12 de la noche
y Nicola sigue trabajando
en la máquina del Mocte
que con su hipnótico zumbido
no deja de arrojar hojas impresas.
Está imprimiendo uno de mis poemas.

Y aunque Nicola se ve tan entero,
tan fuerte y serio como siempre,
hay una opacidad en su mirada…
una lámpara sorda al fondo de sus ojos
que deja traslucir que, en realidad,
Nicola no está entero.
Nicola está hecho pedazos.

Y aunque sigue siendo una roca siciliana
claramente se aprecia
que Nicola está más serio que nunca,
más serio que siempre…

Hace 3 días murió su hijo de 19 años
en un terrible accidente de tránsito.

Son ya más de las 12 de la noche
y Nicola está trabajando.
La luz del garage sigue prendida.

NOCTURNO TRANSFIGURADO

A Álvaro Mutis

La tenue luz de las palabras
débilmente se debate
con las sombras

No alcanza a rozar los muros
ni a penetrar en la tiniebla
sin límites del tiempo

Por el papel avanza
mas no logra abrirse paso
más allá de su reino de sonido

Sentido intermitente
restringido al breve ámbito
de sus oscilaciones

La página escrita
en su blanda trama
de hollín y desamparo

Termina al alba
su duelo con la noche
la astuta tejedora

De su terca vigilia
de su clara batalla
con la sombra sólo queda

La ceniza
de esa luz vencida
la memoria de su vana proeza

Como un pálido aviso
del mundo de los vivos
al mundo de los que van a vivir

DESIERTO EN LA NIEVE

A Yves Bonnefoy

Bienvenido al desierto:
ésta es tu casa.

Das vueltas alrededor
de ti mismo
pero no eres el centro.

Eres la distancia
entre las estrellas
que se alejan
y yo.

UN BUEN POEMA

A Wislawa Szymborska

Un buen poema
debe tener la fuerza suficiente
para aguantar de todo:

Ediciones caseras,
malas traducciones,
errores de ortografía, erratas,
machetazos a caballo de espadas,
cartas de amor,
bibliotecas olvidadas,
programas de televisión,
películas de arte,
películas de las otras,
ironías de la vida,
correcciones de última hora,
internet,
manifiestos,
revoluciones,
malos gobiernos,
conversaciones de café,
confesiones de media noche,
días con sol, días nublados,
buenas críticas,
malas críticas,
cero críticas.

Un buen poema
debe ser lo suficientemente fuerte
como para soportar
interpretaciones abusivas,
cursos escolares, tesis,

musicalizaciones,
antologías,
presentaciones,
lecturas colectivas,
homenajes, plagios,
epígrafes, dedicatorias,
obras completas.

EL SOL

A Robert Creeley

Hoy la sombra
de los fresnos
son los mirlos

TENÍA QUE ESTAR RELAMPAGUEANDO

A Allen Ginsberg

Tenía que estar relampagueando justo en el momento de tomar la foto
Un relámpago de leche en la oscuridad del templo
Un relámpago hiperbólico rasgando el velo en las noches de la tele prendida
En la oscuridad de la hora de las noticias y el dinero
En la oscuridad de la propaganda, retroganda, Uganda, Indochina, Nueva
     York
Una hora en compañía de Jack & Bill, de Jack & Jill, haciendo sonar su
     trompeta frente a los encabezados sin pies ni cabeza
Frente a las grandes ofertas de las tiendas de Navidad
Frente a los cielos grises lejos de Mémêre
Frente a la vanidad de Duluoz

Un día para auscultar el plácido paisaje de antenas y tinacos que nos habla
del África y sus pájaros de un solo pie
Una semana para decidir cuál es el bueno
Cuál es el auto que habrá de llevarnos hasta el otro lado del desierto y el
sueño americano con sus aviones recién cromados, su trato confiable,
su quimera mexicana y sus placas de California
Un mes en las triples marquesinas sin tiempo para corregir —no hay
tiempo, no hay tiempo—
Sin tiempo para la yoga de la mente, el yugo de la lente, la plata en la
pantalla y la pareja de siempre
Conscientes de su papel en La Eternidad como el salvaje civilizado y la
mamá de Tarzán
Un surco de bondad en las arenas del sueño con las barcas idas de la noche
postergada y la pesca mayor en el océano del corazón
En la soledad de los alientos en prosa del corazón ebrio y sagrado del Buda
Un reloj de arena en Tánger para soñar
Un lustro afilando los cometas de la noche bárbara y sin compasión de un
crimen perfecto
Una década bebiendo el buey de nieblas la nada
Un corsario en tierra al pie del crucifijo del Dr. Sax
Un corazón en altamar
Sal Paradise, Japhy Ryder, Rheinhold Cacoethes, Ike O'Shay, Raphael Urso,
Lorenzo Monsanto, Francis DaPavia, Alvah Goldbook, mirando,
mirando sin aliento
Una eternidad para esperar sin esperar nada
Soñando, soñando solo, sólo soñando
El Blues de La Eternidad

POETOMÁTICO

A Ivan Malinowski

Quiero ajustar el tornillo
diminuto de mis lentes
pero necesito los lentes
para poder ver
el tornillo

¿No es ésta
la situación del mundo?

S. F. SUNSET

A Philip Lamantia

El cansancio de los ídolos del crepúsculo
rinde sus frutos
se recuesta sobre una plancha
de hierro dulce
y entra dulcemente al sueño
firme como la carne
de los Dioses de antaño
como una bestia hermosa y verde
los ídolos duermen su sueño en la bahía

ALQUIMIA DE LA HISTORIA

A W. S. Merwin

Todo el dolor que existe alguna vez fue transmutado
por hombres que buscaban transformar al mundo
que lo hicieron crecer y lo enterraron
y los que dieron con él
lo vieron como un simple dolor
lo quisieron porque sí
porque era mejor quejarse que cambiar
y para ellos fue mala cosa
y declararon que cambiar era imposible
y mala cosa

NARAYAMA

A Gary Snyder

La luna
morosamente
recita sus 28 sutras

Los ríos
y los valles
tampoco tienen prisa

Las montañas
de nuestros ancestros
han venido hoy a visitarnos

Ya acampan
con toda calma
alrededor de la ciudad

EL MAESTRO SILVESTRE

A Juan Gelman

I

Con la caja de herramientas en la mano
y un muchachito que siempre lo acompaña,
guardando silencio y filial obediencia,
el maestro Silvestre
coloca las ménsulas en orden
para empezar a trabajar.
No parece tener prisa
pero tampoco pierde el tiempo.
Treinta años de plomero
lo recomiendan ampliamente.
Entra y sale de las casas elegantes
con entera confianza.
Tiene el orgullo
del buen trabajador.
Un hombre cumplido de veras,
que nunca ha tomado
lo que no le corresponde.

Cuando la altura lo exige,
prescindiendo por completo de escalera,
parece levitar a lo natural
con la caja de herramientas en la mano.
El muchachito que siempre lo acompaña
observa en silencio:
sabe que algún día
le tocará realizar también este milagro.

II

Aunque treinta años de experiencia
lo recomiendan ampliamente,
el maestro Silvestre no ha podido
romper las leyes de la gravedad.
Se ha caído de la escalera
—casi un piso y medio de altura—
y ha roto los vidrios.
Para completar su día negro
el canalón le ha caído encima
y descarga ahora su furia
contra el muchachito.
Sabe con amargura en su interior
que fatalmente algún día
a su hijo le tocará también
maldecir a su muchacho.

ESTELA

A Tomas Tranströmer

En la oscuridad de la noche
un país

En la oscuridad del país
una ciudad

En la oscuridad de la ciudad
una plaza

En la oscuridad de la plaza
un cementerio

En la oscuridad del cementerio
un canal

En la oscuridad del canal
un pato

Iluminado solamente por
un farol

En la soledad de la hora
avanza

Remolcando la estela
de luces doradas
de todos los
muertos
....
.....
..

POEMAS VISTOS
EN UNA CONVERSACIÓN

A Juan Martínez

*

El mar comienza
allí donde lo viste
por primera vez.

*

Estar solo
es estar con uno mismo.

Sentirse solo
es no estar con nadie.

*

—¿Y qué hacen nuestros sueños
mientras no los estamos soñando?

—¡Nos están soñando!

*

—Y los números,
 ¿se descubren o se inventan?

—Aquí se descubren…
 Pero allá se inventan.

*

—¿Qué hacías?

—Estaba limpiándole
los ojos a la nieve.

—¿Qué veías?

—Veía un salto
entre dos niveles
de energía.

—¿Qué oías?

—El llanto de un color
recién nacido.

TESTIMONIO DEL ALMIRANTE CALAMAR CIENFUEGOS

A Marco Antonio Montes de Oca

Mi carabela perlada de augurios favorables
Se internó aquel día en el epacio herido
Por el resplandor de una salamandra

Se internó en el Mare Tenebrarum
Entre una gota limpia y un centavo de paja
Entre la constelación de Andrómeda y Alfa Centauro

Prodigiosa como el talismán que reconstruye
Los reflejos del sueño que se quiebra
Sobre el piso de la cubierta

En sus velas de piel de luna
El cielo imperioso agitó su collar
De incontables cráneos transparentes

En sus bodegas guardamos celosamente
La legendaria esfera de los amantes
Rosa como una astro de bolsillo

Y en el camarote del amor la Bella
Se perfumó el vientre mientras rezaba
Absorta en el travesaño furioso de los días

En la punta del mástil principal un gaviero
Ensimismado construyó una jaula
Para pájaros submarinos

Y en el cielo astros de hielo
Electrizados desde dentro soñaron
Sueños tejidos con mimbre de relámpagos

Con la mirada ya puesta en otros mares
En el centro magnético de la tierra
Mientras yo disponía mis águilas

Mandé recoger las hojas blancas
Que el crudo invierno atado al puente
Había desprendido de sus auroras boreales

Y ensillé las galaxias para que un gran Mago
Las montara el día en que el espíritu
Patrullara por toda el alba

Hasta encontrar en los límites
Del plano inclinado de las aguas
Los pilares descomunales del Tiempo

ÚLTIMAS NOTICIAS

A Sergio Mondragón

Más del sesenta por ciento del cuerpo
está compuesto por agua.

El esqueleto representa
un tercio de cenizas
y minerales,
proteínas
y grasas.

Los principales
minerales
que se hallan
en el cuerpo:

Calcio
potasio
magnesio
hierro
fósforo
sodio
cloro
y azufre.

Hay vestigios
de cobre
cobalto
molibdeno
manganeso
zinc
cromo
yodo
y flúor.

Y cantidades
diminutas
de bario
plomo
níquel
mercurio
plata
y oro.

LA TENUE RESPUESTA
DE LAS HOJAS

A Alejandra Pizarnik

¿Desde cuándo hay vida?
¿Hasta dónde hay fuego?

La vida:
una racha de buena suerte

El fuego:
la sangre inolvidable

CIGARROS

A José Emilio Pacheco

Alumbran los ojos de la noche
que morirá cuando se apaguen.

Roen la insolente oscuridad.
Forjan la hierba entre la luz.

Salen del fondo de la tierra
y hablan siempre con el cielo.

BALBUCEO

A Tony Burciaga

el
    el po
        el po-po
           poe
              poem
                em

el
    el pri
        pri-mer
          primer po
            po-po
             poe
               poema

que
   que-us
     que us-te-des
       ustedes van
         van a es que están
           que están a pun-to
             a punto de es-cu-char

es un
    es un po
      es un poema que

                              tra-ta-ta
                          trata a-cerca de
                          a-cerca de los ori
                              de los orí-genes de la poesía

          todo poe-ma
              es len-gua-je
                  lleno-lleno
                      todo poema es lenguaje
                          com-ple-ta-men-te
                              lleno de e-ner-gí-a
                                  in-ven-ción
                                      creatividad

          como un niño pequeño
              que comienza
                  de pronto a balbucear

BITÁCORA POÉTICA

A Tomaz Salamun

A través del sortilegio de la forma
me he asomado a lo que
—más allá de la forma—
me llama a la totalidad de mí mismo.

A través del encantamiento de los nombres
me he acercado a eso que
—más allá de los nombres—
me quiere en absoluto silencio.

En realidad es muy claro,
      muy sencillo:

La totalidad de mí mismo
    en silencio;

La totalidad del silencio
    en mí mismo.

EL FRUTO
DE LAS ESTACIONES

A Robert Hass

Por fuera
en los duraznos
amanece el verano

Por dentro
en las ciruelas
atardece el otoño

CHE-CA-GOU

A Robert L. Jones

Chicago,
tu nombre
quiere decir
"cebolla silvestre"…

Y a las orillas
de tu dulce lago
yo también lloré
sin pensar gran cosa.

Quería un dolor puro;
un dolor que nada
tuviera que ver
con los humanos.

EL LIBRO
DE LOS ANIMALES

I. Poemas con alas

El pájaro es el aire,
el aire es el pájaro.

Cada uno es absoluto
y está completo en sí mismo.

Un pájaro grande no tiene por qué ser
superior a uno pequeño.

Taizan Maezumi Roshi

EL CLARÍN

Vuela el clarín y disfruta
la libertad con que canta,

La primavera que enciende
la pasión en la garganta.

Canta el clarín y despierta
la magia de la estación...

¡Despierta el canto y despierta
la ciudad del corazón!

LAS URRACAS

El mundo cuando amanece
es como un papel en blanco,
pero las urracas saben
que es negro del otro lado.

El mundo cuando anochece
es como un papel carbón,
pero las urracas saben
que al otro lado está el sol.

LA OROPÉNDOLA

Más que canto es un gorjeo,
más que gorjeo es un ruido,
más que ruido, una marimba
resonando en el oído.

La oropéndola construye
con pico de oro su nido...
más que nido hace una hamaca,
más que una hamaca, un sonido.

LA CALANDRIA

En su jaula dorada,
día tras día,

Toma prestado el canto
del ruiseñor:

No canta bien en alas
de la alegría…

Cuando está triste
canta mejor.

EL CANARIO

Entre laureles y encinos
se saludan los vecinos:

Rostros de niños bronceados
que se me quedan grabados;

Y al centro del aguafuerte
el canario de la suerte:

El pico que sube y baja
calentando la baraja.

¡La provincia que resiste
por una pizca de alpiste!

LAS TÓRTOLAS

Recorro con la mirada
las tórtolas en parvada

Y tan sólo reconozco
la música por el kiosko…

La gente que posa y pasa
por en medio de la plaza

Entre silbidos y bromas
y murmullos de palomas,

La voz plateada del día
en cada fotografía.

LOS PICHONES

Dos alas tiene la fiesta:
las parejas y la orquesta

Que van buscando el alero
pues se viene el aguacero...

Buscan refugio, tristones,
los indefensos pichones.

Bajo la lluvia que arrecia,
las campanas de la iglesia;

Bajo los rojos tejados,
todos los enamorados.

LA SALTAPARED

Aprendida la lección
de pintura con su vuelo
la saltapared emprende
las cuatro rutas del viento:

Al oriente el viento es blanco,
al sur es azul el viento,
al poniente el viento es rojo
y hacia el norte el viento es negro.

Aprendida la lección
de música con su canto
la saltapared recorre
las cuatro esquinas del año:

El do de la primavera,
el mi menor del verano,
el sol mayor del otoño
y el invierno ensimismado.

EL CHUPAMIRTO

Picaflor, chupamirto o colibrí,
da lo mismo: no se anda por las ramas...

Viene del sueño si lo llamas
con el pico de luz encendido:

Quiere llevar a su nido
la paja del sol naciente;

Quiere tocar suavemente
el agua de los cristales,

Las flores sentimentales
estampadas en tu falda,

La montaña de esmeralda
bajo las nubes de lluvia

Y la cabellera rubia
de la niña en el balcón.

¿Tocará tu corazón
el picaflor berbiquí?

En el pecho de rubí
¡algo me dice que sí!

EL ZORZAL

Igual que ante el relámpago del cielo
en este verso está vibrando
el corazón del zorzal.

La pluma gris es el viento,
la pluma blanca es el canto,
la pluma parda es el tiempo
y la roja es el pecho de coral.

EL ÁGUILA

Más acá de las nubes,
más allá de sí mismo...
el hombre ve la tierra
y el águila ve el cielo.

Más allá de la cumbre,
más acá del abismo...
ambos tienen dos alas:
el espacio y el tiempo.

EL REYEZUELO

Un ángel azulado
corona al reyezuelo
que volando abandona
la alcoba de mi sueño.

Siento sus plumas claras
rozando mi entrecejo
como una cabellera
recién amanecida.

Poco a poco despierto
y escucho el resplandor
que barre lentamente
la luz de las estrellas.

El sol del reyezuelo
sacude mis sentidos
y en un escalofrío
me viene a recordar:

Es la vida —hermano—
  es la vida.

EL PÁJARO CARPINTERO

En los troncos más viejos
los jóvenes nidos,
y en formas tradicionales
los cantos recién nacidos.

Las brevísimas notas
del pájaro carpintero

son como esas flores
que el cielo no desdeña.

Tan pronto llega el viento
las toca y las marchita;
así llega la noche
y aplaca nuestras penas.

En este profundo sueño
se mecen nuestras vidas:
las horas y los frutos
que los pájaros picotean.

EL PAPAGAYO

Pero, ¿qué es un papagayo?
un teatro armado en el viento:
la insurrección de una voz
que ya no cree en el silencio.

Pero, ¿qué *es* un papagayo?
Un jeroglífico nuevo…
La escritura del espacio,
la buena letra del tiempo…

Un pico cuando platica,
una pluma en cada vuelo,
un color en cada jaula,
un relámpago doméstico;

Un grito de rebeldía,
un arcoíris y un cielo.
Pero ¿qué *es* un papagayo?
¡La selva virgen y el viento!

LOS PÁJAROS

Los pájaros son
cuando estoy despierto
la espuma del tiempo,
la sal de la voz.

Meteoros cantando,
cometas de fuego,
sombras en el muro
donde todo es juego.

Perlas de ceniza,
palabras al vuelo,
nubes pasajeras
en el mar del cielo.

Los pájaros son
cuando estoy durmiendo
las plumas del sueño
y la imaginación.

PAJARERA

Canario, jilguero,
perlita, cenzontle…
destapen la jaula
que va a amanecer.

La jaula del día,
la luz de la noche,
y el amor que ofrece
la buena mujer.

Jilguero, canario,
cenzontle, perlita…
ya tapen la jaula
porque va a llover.

AVIARIO

Un color más
y se verían ridículas
las guacamayas

*

Los patos blancos
retozan en la frescura
de su propia imaginación

*

Concurso de belleza
los flamencos en fila
esperan el veredicto

*

Los pelícanos engalanados
pasean muy seriamente
al lado de la alberca

*

Fruta de los trópicos
los colores ricos
de estos pericos
caleidoscópicos

*

Las gallinas de Guinea
con su rebozo punteado
van corriendo temerosas
de no llegar al rosario

*

Avestruces con medias rosas
y gestos de niñas mimadas
modelos sofisticadas
en el espejo de las cosas

POEMAS CON ALAS

Un colibrí
en la pupila azul
del cielo… ¡sí!

*

La gaviota
cazadora de estrellas
comestibles

*

Las estrellas
son pájaros que cantan
en silencio

*

Y de pronto
una ráfaga de viento
es un pájaro más

*

Campos nevados
y un cuervo a la distancia
la noche blanca

*

Todas las aves
fueron creadas para luz
nunca vuelan hacia lo oscuro

*

Vuelo en la noche
en alas del Altísimo
Pájaro de la oscuridad

II. No hay paraíso
sin animales

ACUERDO

En el silencio
perfecto de la nieve
huellas de ciervos.

LA NIEVE ES UN ANIMAL FANTÁSTICO

Mitad venado
—las montañas nevadas—
mitad leopardo.

PULSO DE COCOYOC

Pulso de Cocoyoc,
entre la lluvia y la tierra
late un solo corazón: el sapo.

LAS JAULAS

Nadie puede quitar
la libertad a ningún reino.

Quien lo intenta
construye su propia jaula.

RED FOX

Aparición fugaz…
entre las diagonales
de Dublín bajo la lluvia
una mancha de tinta roja
en el cuaderno de un niño.

REVELACIÓN

Blanca y negra
la vida es
como un
zorrillo:

Es bonita
pero apesta.

TELARAÑA

Hay una promesa
en la luz que nada
contra la corriente:

Un mundo que flota
de un hilo pendiente,
de un soplo por nada
en la araña de cristal.

CORALILLO

Mi máscara roja
dispersa las islas.

Mi máscara roja
borra el cascabel.

Mi máscara roja
sostiene las islas.

Mi máscara roja
cambiando de piel.

DEMAGOGIA DE CORRAL

Discurso gris
lo que le dice el pollo
a la lombriz.

Como respuesta
la lombriz en un hoyo
se recuesta.

Tal para cual
la lombriz frente al pollo
en el corral.

EL OVILLEJO
DEL CHAPULÍN

¿Qué encontraste a la entrada?
Nada.

¿Qué conociste en medio?
Tedio.

¿Qué viste a la salida?
La vida.

Aparte la comida
—te dice el chapulín—
mejor dormir, que al fin,
nada te dio la vida.

EL ORIGEN DEL VENADO

Un venado se recuesta
a la fresca sombra de tus pestañas

Y reconoce aquel aroma
en un frasco de vidrio soplado:

"… tejido con esencias:
almizcle y heliotropo,
clavel y perla azul…"

Un cazador se recuesta
desnudo entre tus brazos y sueña

Las flores del estanque
donde un venado se detuvo a beber.

GACELA

Esa chica
que pasa
de la luz
a la sombra
con el viento
va a despertar.

Sólo quiero
escucharla
con los ojos
abiertos
y mirarla
escuchar.

MISS RED LOBSTER

Con las pinzas amarradas
las tristes langostas
pacientemente esperan
bajo las luces de neón

unas sobre otras
unas sobre otras

como piedras de río,
zapatos viejos, corcholatas,
la inapelable decisión
del jurado:

La más bonita
será arrojada viva
al perol de agua hirviendo.

EL CACHORRO

Lo que comenzó
como comienza todo un día,
como un sueño de placer,
se convirtió muy pronto en otra cosa.

Y al cabo de un tiempo
lastimó a quien le daba de comer,
no como esos cuervos
que buscan los ojos de quien los cría
ni como el descastado
que vuelve tan sólo a patear el pesebre,
sino como el cachorro
al que le han brotado los primeros dientes
y siente que está cerca
la hora en que su madre lo habrá de destetar.

CUATRO ESCENAS
EN VALLE DE BRAVO

Un bote en medio del lago
que se ve envuelto de súbito
por una gran nube de abejas:
la omnipresencia de la muerte.

Un pavorreal que se hunde
con todo y plumas iridiscentes
bajo una tormenta de granizo:
la omnipresencia de la muerte.

Una garza con un ala rota
busca refugio desesperada
y se desangra en un zarzal:
la omnipresencia de la muerte.

Un ganso poniendo un huevo
bajo la luz amorosa de la luna
y el ominoso vuelo de los halcones.
La vida sigue a pesar de todo.

LA RUTA DE LA SEDA

Un gusano insignificante
destiló en su cuerpecito
un inmenso hilo de seda
que ató dos continentes.

La red de agujeros que hizo
a las hojas de la morera
se convirtió de inmediato
en un cielo con estrellas.

La avaricia del hombre
no conoce tasa ni medida,
pero la suavidad —lo dice
el Tao— vence a la dureza.

En medio de sus jardines
y sin saber del desierto,
el huésped de la morera
come, duerme y se vacía.

EL BLUES
DE LA LIEBRE
AL ALBA

Al golpe del alba
la liebre es ligera
y cantan las nubes
su pálido blues:

Y corren las sombras
su loca carrera
detrás de los cuerpos
bañados de luz.

Al golpe del alba
la liebre es ligera
y dicen las nubes
en una canción:

Que el campo del alba
no tiene fronteras
pero tiene sombras
por definición.

LOS 400 CONEJOS

Como la luna vista
entre las cortinas,
las pencas del maguey
son el lugar común
de la dulce tierra
que se aferra al cielo.

En la noche herida
por un rayo verde,
el maguey exhibe
a los cuatro vientos
las puntas quemadas
de una estrella rota.

Pero todo maguey
lejos de sus orígenes
lleva una máscara de agua…

Y en su sombra azul
hacen su madriguera
los cuatrocientos conejos.

SALMÓN DE LOS REGRESOS

Desde el último rincón del bosque,
desde las puntas más agudas
del hielo y de la nieve,
han venido nadando
a contracorriente
estos pobres
salmones.

Pacientes
han remontado
miles de kilómetros
desafiando a los peces
más grandes, las garcetas,
las cascadas de agua perfecta
y los osos hambrientos y sus crías.

Buscando siempre el centro y el origen
en un viaje redondo de regreso
han venido a transformarse
y a depositar hoy aquí
como una ofrenda
la semilla de
su muerte.

LA ESPERANZA
DE LA TORTUGA

Ahora
que el alma
es un pozo seco

Puedo ver
al fondo
una tortuga.

Una lenta
caparazón
tendida allí
en silencio

Mirando
de soslayo
el cielo.

Los ojos
pequeños
planetas
fantásticos

Girando
en sus órbitas
de musgo.

Y en el cenit
del pozo
un mentiroso
sol de claridades.

EL COYOTE ESTEPARIO

Se roba las gallinas,
      se roba los conejos,
corriendo por su vida
      se roba el calendario,
se bebe el agua sucia
      de todos los espejos
y dobla las esquinas
      el coyote estepario.

Sus trucos no son nuevos,
      sus pasos no son viejos,
y el hambre que le asiste
      no es nada extraordinario,
pero es lo suficiente
      para encender de lejos
un canto lastimero
      feroz y solitario.

Responde con sus cuitas
      de tímidos reflejos
otro *clochard* altivo,
      otro lobo estepario,
que huyendo de los hombres
      va como los cangrejos
deletreando en reversa
      todo el abecedario.

Bajo el agua del cielo
      la presa es su reflejo,
es una estela de humo
      por todo el vecindario,
que mira a la distancia,
      atónito y perplejo,
la cola del cometa
      del coyote estepario.

ZOOLÓGICO ABIERTO

Con aire de centinela
un venado blanco respira
con la suavidad que da la luz

*

El camello soporta resignado
su carga de dos montes:
es su propio paisaje

*

Los rinocerontes
armadas separadas
por mínimas distancias

*

Nubes de cartón piedra
los hipopótamos flotan
en su cielo de agua

*

Los leones platican con el sol
y consigo mismos… todo
lo demás no les interesa

*

En terrenos muy humildes
los borregos reposan
con aire bíblico

Sin tocar el suelo
las cabras se sostienen
sobre el rumor de las barrancas

*

Serenos en su sabiduría
los carneros fundan su reino
bajo las sombras de un lentisco

*

Contrapunto: la cebra
de día se viste de negro
de noche se viste de blanco

LA HORA Y LA NEBLINA

LA HORA Y LA NEBLINA

Amo la paradoja
de todo lo que vive:

Si la hora me borra,
la neblina me escribe.

LAGO LLENO DE LIRIOS

I

Mi muerte está sentada
en la última fila de un teatro vacío.

Me hace un guiño
y desde lejos me dice al oído:

"escucha, hijo mío, al sapo…"

II

Un caballo negro
triscando entre las cañas…

Y al pie del volcán
un lago lleno de lirios.

Una lancha perfecta
cantando en su estela vegetal:

"escucha el martillo
que cose las cigarras…"

III

Palabras claras de la montaña
para una tarde gris:
bajo el agua los insectos
tejen flores para mí.

Círculo de formas…
el amor que los días conquista
al borde del lago murmura:

"escucha a los cuervos
y su larga procesión de azules…"

IV

Una columna de aire
a la medida de un diamante…

En las alas de las golondrinas
se cifra la forma del heraldo.

Sólo hay flores
y a lo lejos las torres
con sus cables llenos de luz
que con un sordo rumor me dicen:

"más grandes son las moscas
que el cofre de los días…"

Cocoyoc
Febrero de 1976

REAL DE CATORCE

I

Fuerte de luz
en las montañas
la suavidad amarilla
paciente disuelve rocas.

II

En un túnel de fechas
brilla la bella del aire.

Y catorce veces
catorce veces catorce
las aves se vuelven piedras
y las piedras se vuelven hombres.

III

La muerte vive en flor de hueso.

IV

Debajo de las rocas
un pequeño animal carga su muerte.

Sobre la barda
huecos de luz y piedras rosas.

V

La blanda carne de las horas
puede más que la lentitud
cruzada de los vidrios.

VI

Contra la dura soledad del cuervo
la hierba recomienza su trazo
desde el centro de una losa
que lenta se desintegra.

VII

El águila suspendida en el sólido
candor del impávido horizonte.
es la escritura de los muertos.

VIII

Por el ojo de una aguja
pasan los contrarios:

Por una puerta,
por una palabra…

Por una ventana,
por un descuido…

Por un centímetro
cúbico de suerte.

IX

Las tiendas tienen listas
de colores pero no pueden
mecer a todas las montañas.

X

Una nube es una campana.
Un hombre es un reflejo.

Yo no soy la razón de mi vida
ni mi vida es la razón de ser.

Yo no soy la cuadrícula
que gobierna las plazas.

XI

En una banca sin respaldo he visto:

CORTESÍA DEL PORVENIR

Y he sentido ganas de hincarme
para que las piedras

discutieran con mis rodillas,
y para que mis rodillas
pudieran tocar el cielo.

XII

Un don aletea en la boca de los niños:
al pedir dinero se parecen a Dios.

De sus manos gotea cera...
de sus dientes inclinados
el cielo se desprende.

XIII

Y al fin brota el árbol de miel,
la carta vegetal de las estrellas,
la lengua silenciosa de los muertos.

Hasta que el muro de piedra se levanta
y recibe los rayos de oro en polvo.

XIV

La luz brilla tras las rejas.

Real de Catorce
Octubre de 1977

LAS JIRAFAS

Van corriendo las jirafas
sobre zancos vacilantes…
con las cabezas muy chicas
y los pijamas muy grandes.

Valsequillo, Puebla
Verano de 1978

VER
TIKAL

sol
nubes
sombras
de fuego
velas en
el espejo
y los días
más largos
que las largas
conversaciones
de la selva y el viento

Guatemala
Marzo de 1979

ESTRELLAS EN LA NIEVE

Por el sendero de luna
a la altura de aquella torre
estaba mirando el Gran Cañón

A la vez que sobre mi cabeza
confiado a la nieve de su pino
un enorme cuervo me miraba.

Abrió la plata de sus ojos:
en ese espejo pude leer
la forma de mi futuro.

Y emprendimos el vuelo
con las alas azules
de tan negras.

Coconino Mountains
Diciembre de 1979

EN EL CAMINO

Luz a lo lejos
no seré blanco fijo
de los espejos

*

Luces pintadas
no seré blanco fijo
de las miradas

Camino a Aguascalientes
Otoño de 1983

DÍA DEL PADRE

Nada.
Una pura Nada.
Eso era yo y eso eras tú:

Una pura Nada palpitando.

Un corazón diminuto
brillante en medio de la noche.

Una intuición puntual
y luminosa como la primera estrella.

Eso eras tú y eso era yo:

Un pulso en crecimiento,
una corazonada vuelta realidad,
una criatura de la luz y de la sombra
extendiendo sus alas indispensables…

Nacimiento y circulación
de la rosa cardinal.

Y al centro de la rosa
otra vez Nada.

Una pura Nada.

Eso que somos tú y yo
más allá del nombre y de la forma.

Santa Fe, México
16 de junio de 1985

LAS CATALINAS

A la cima
de las montañas Catalinas
ascienden los saguaros lentamente:
la procesión se adelgaza
hacia las puntas.

En la cima
la hora resplandece
nada más por un momento:
el valle se cubre de sombras
con la puesta de sol.

También
el atardecer
llega a la cumbre:
aún a la más alta le espera
su noche con su respectiva luna.

Tucson, Arizona
Octubre de 1985

EL CUMPLEAÑOS DEL POETA

Treinta y seis años,
cien mil ondas,
las aves transparentes
se mecen en las frondas.

Treinta y seis años,
cien mil mentes,
los árboles eternos
se mueven lentamente.

Cien años,
treinta y seis mil mañanas,
las voces transparentes
florecen en las ramas.

Avándaro
18 de febrero de 1987

CANTIGA DE QUERIBUS

Ganado blanco
cielo gris

        Aire sereno
        ¡Queribus!

Colinas verdes
Languedoc

        Encinos rojos
        cielo azul

Yunque y martillo
cielo gris

        Iza la piedra
        ¡Queribus!

Faisán dorado
corazón

        Ola de hierba
        cielo azul

Veo la luna
porque sí

Última estrella
¡Queribus!

Queribus
Noviembre de 1988

LÍNEAS ESCRITAS
EN EL ESPEJO DE PIEDRA
DE MONTSEGUR

Después de aquel calor febril
pesando en el azur
la sal se convirtió en abril
el mes de Montsegur

Las vacas blancas del talud
los mármoles del mar
a la distancia de un alud
de estrellas por contar

Con qué pasión por la verdad
del alma el bien común
en cada ser y en cada edad
reflejan el azul

Las aves vuelan en la luz
de nuestra soledad
y el horizonte es una cruz
callada tempestad

Allí escuché con emoción
las notas de un laúd
y al poco tiempo el corazón
recuperó la salud

Las ramas secas del pirú
ya reverdecerán
y entenderás entonces tú
los motivos de Adán

Las flores dan mejor olor
cuando las cortas tú
las frutas tienen tal sabor
porque lo quieres tú

Ésta es mi fe y ésta es mi luz
y mi razón de ser
que todo llega en Montsegur
a rejuvenecer

Montsegur
Noviembre de 1988

ANTES Y DESPUÉS

Aquella noche
en el tren y en el desierto
con los ojos fijos tras la ventanilla
en el esplendoroso firmamento
vi —por primera vez
en toda mi vida—
la señal:

Una estrella blanca.

Aquella noche
una punta de diamante
rasgó el velo.

Y de pronto,
sin aviso previo
ni sensación de tiempo,
comprendí en un instante
que yo no era el primero
ni lo principal en mi vida.

Vi que yo no era el centro
en torno al cual todo giraba,
y que bien podía tocarme
estar al servicio de otro ser:

Un ser mayor,
alguien más fuerte
alguien más brillante...
o simple y sencillamente
alguien mejor.

Alguien que me precedía
en la escala de las manifestaciones.

Y comprendí de golpe
que si así fuera
a mí sólo me tocaba
jugarla de tapete:
ponerme al servicio
sin chistar
y sin remordimientos.

Aquella noche
mi vida dio la vuelta
como quien se saca la camiseta

y queda al revés,
o como quien pudiera ver
con otros ojos
las cosas desde dentro.

Supe entonces
que —tarde o temprano—
iba a tener un hijo.

Aquella noche
desde la ventanilla del tren
en medio del desierto de Sonora y Arizona
me nació un segundo punto de vista:

Fuera de mí,
resplandeciente…
mayor.

Santa Fe, México
4 de agosto de 1989

WINTER SEA

Sigo las huellas
de alguien en la playa:

Sigo a la misma mujer
que hace veinte años siguiera
hasta la casa en las montañas,
hasta el origen de los bosques,
hasta el espejo en el volcán.

Sigo sus huellas
y todo resulta tan fácil
pero tan difícil al mismo tiempo…

La idea es muy simple:

mis pies
     siguen
el ritmo
     de sus pies

pero mis piernas son distintas,
mis huesos, diferentes.

No es fácil andar
por la vida siguiendo
las huellas de alguien más…
por más atractivas que parezcan.

Lo único que se consigue
en esta dirección
es una mímesis perfecta

—una distancia
un tiempo
un ritmo—

que no nos corresponde,
un viaje en otro cuerpo
y un camino diferente.

Mas por otra parte es tan fácil
dejarse llevar por el vaivén…
saber que no estoy solo
en esta playa fría.

Saber que alguien me antecede
como yo mismo antecedo
tus pasos sigilosos

—sí, estoy hablando de ti,
cómplice lector, lectora—

recorriendo este poema.

North Beach, San Francisco
Noviembre de 1989

L. A. X.

Al borde de la evaporación
en cualquier lugar,
en cualquier tiempo:
el entusiasmo
es la sal del alma
y el miedo
es la pimienta de la vida.

Adereza tu plato, hermano,
que es veloz la partida
y poco habremos de vivir
—de cualquier manera
un parpadeo
tan sólo un parpadeo—
y el plato está frío…

Nos tenemos que ir.

Aeropuerto de Los Ángeles
5 de mayo de 1990

COLUMPIOS FRENTE AL CEMENTERIO

Delante de las nubes plateadas
hay un jardín de silenciosas piedras;
y delante de las piedras en silencio
hay un bullicioso jardín de niños.

Una niña se mece en un columpio
delante del apacible cementerio:
quiere tocar con sus pies las nubes
que siempre quedan un poco más allá.

Las losas entre la hierba son otra ciudad
ajena y no a la algarabía de los pequeños.
Bajan los cuervos y se posan graves
en las ramas adustas de los pinos.

Un avión en las alturas silba,
un cuervo entre las copas calla,
y los columpios lloran simplemente
en el vaivén de los días y las noches.

Una criatura mecida del viento,
un sol de alas negras y cipreses,
un silencio insondable bajo piedra
y el cielo nublado de sombrero.

Colores que se suceden sin mancha,
gorjeos que en cada hueco hacen un nido.
Flores silvestres crecen entre las losas
y una sonrisa va y viene en un columpio.

Seattle
12 de mayo de 1990

NUNCA LO OLVIDES

El aire tan frágil, tan fresco
que se diría una fruta delicadísima
que ha madurado serenamente
en el corazón del invierno.

El sol una corona blanca
sobre la cresta aguda
de los pinos oscuros.

La hierba más verde
que el paño de una mesa de billar.

La vida es un juego de niños.

Seattle
15 de mayo de 1990

NOCTURNO DE OAXACA

Riman los grillos
la noche en campo abierto
con otros brillos

Oaxaca
18 de febrero de 1991

LAS NUBES DEL CONOCIMIENTO

Una semilla de luz germina
en la oscuridad del vasto cielo.

Tan real y verdadera
la montaña de tierra
como el íntimo diamante.

Québec
Otoño de 1992

DESPUÉS DE UNA LARGA ESPERA

He ahí la respuesta:
la luna llena brillando
sobre el polvo de luces
de la ciudad dormida.

Québec
Otoño de 1992

EL ARTE DE LA MISANTROPÍA

No sé cómo decirlo…

¿Cómo voy a escuchar
el canto rojo de los árboles,
los peces en las nubes plateadas,
el murmullo de aquella mujer encinta,
las delicadas venas azules de sus pechos,
si todo el mundo que se halla aquí reunido
no deja ni por un instante de platicar?

Lentos arroyos de aguas profundas
fluyen entre las oscuras ramas…

El cielo es un bosque de oro.

Waswanipi
Otoño de 1992

ORACIÓN DEL CAFÉ HAUPTWACHE

Que todo lo que vea —sea
en la luz rubia y radiante
del día, o en la cabellera
de la noche— no sea yo.

Frankfurt
Octubre de 1992

ELOGIO DE LA VIDA

Quisiera volver a vivir
sólo por ver otra vez
el follaje parpadeante
de un árbol frente al cielo.

Tepoztlán
1993

PRIMER POEMA DEL DESIERTO

Vuelan tan rápido
las montañas y el colibrí
que no se mueven

Las Cruces, Nuevo México
18 de agosto de 1993

ECLIPSE DE LUNA EN EL PASO

Una pastilla
que se disuelve
en la profunda
boca del cielo.

El Paso
1993

DESERT MOON

Poeta,
una tras otra
labras las dunas:

Las palabras macabras
las palabras desiertas
las palabras perrunas.

Y tú —lector—
¿por qué no les ladras
a tus propias lunas?

Alamogordo
1994

NAPA RIVER DREAM

Estoy una vez más
sobre el mismo puente
sobre el mismo río...

¿Qué más da —me digo—
que el pueblo sea otro,
que las fechas sean otras,
que el nombre del puente
y el río sean otros,
si yo también soy otro?

Sonoma, Napa Valley
Primavera de 1995

LA TRINIDAD

Un día como hoy
hace exactamente 50 años
en un lugar llamado
"La Trinidad"
en Nuevo México
desaparecieron
por un segundo
todos los colores

El palo verde
el árido mezquite
y la hierba del chaparral
se volvieron blancos
blancos
de aquel árbol de fuego
que en unos cuantos minutos

creció hasta alcanzar
15 kilómetros
de altura

Eran las 5 y media
de la mañana
y el paisaje nocturno
del Desierto de Mojave
en esa zona que llaman
La Jornada del Muerto
quedó galvanizado
por una luz
de una intensidad
muy superior
a la del sol de mediodía

Aquel 16 de julio de 1945
amaneció dos veces

Una lluvia de oro
rojo naranja morado
violeta azul y gris
bañó cada uno de los picos
que rodean el valle
como una corona de lágrimas
con tal claridad
y tan terrible belleza
que el joven Oppenheimer
no pudo más que balbucear
aquellos versículos
del Bhagavad Ghita

"Me he convertido en la Muerte:
el Destructor de los Mundos"

Desierto de Mojave
16 de julio de 1995

LAS CAMPANAS DE ARCOSANTI

En el cielo de Arizona
y en la arena del instante
se escuchan a sol y luna
¡las campanas de Arcosanti!

Desierto de Arizona
Invierno de 1995

LA APORÍA DE SAN MIGUEL

Y hoy que estoy aquí
sitiado
en mis propios errores
y en mis propios aciertos
no tengo más remedio
que reconocer
que no hay más acierto
ni más error
que estar aquí
sitiado
por mis propios errores
y mis propios aciertos.

San Miguel, Nuevo México
Mayo de 1996

MÚSICOS DE PIEDRA

Con las cuerdas transparentes de sus liras
—casi se podría decir que inexistentes—
y la mirada puesta en el cielo;
con las cabezas erguidas
semejando martillos,
clavos, flores,
hongos…

Y con la imberbe historia
de todo el Occidente a cuestas,
estos músicos están juntos en las notas
y en la antigua palabra fundidos
en su aspiración celeste
y solos bajo el sol.

Y donde alguna vez hubo ojos pintados
no queda más que la extensión del cielo:
la inmensa bóveda vacía, cicládica,
a cuyo amparo unos ojos sueñan.

Y donde alguna vez hubo música
una leve estría en relieve
da conmovedor testimonio
de que el arte detuvo
—así fuera por un instante—
la erosión implacable
del silencioso río del tiempo.

Metropolitan Museum, N. Y.
30 de octubre de 1996

10,000 METROS
SOBRE EL NIVEL DEL MAR

¡Oh recompensa
del que no espera nada,
sentir por fin la calma de los cielos
y el mar de nubes que bogan sobre el río
tatuado por el tiempo en el torso de la eternidad!

Volando sobre México
Diciembre de 1996

LOS PAISAJES DE MI MENTE

Y después del amanecer,
espléndido, sobrehumano, metafísico,
cruzar la pared de niebla y aterrizar en el mundo de todos los afanes.

El techo de nubes es mi mente y se mueve;
la tierra negra, salpicada de luces de oro, soy yo, y también cambia;
los árboles que viera Leonardo da Vinci en la neblina, también soy yo;
los mismos y distintos: yo mismo y distinto.

Ese sol despuntando al fondo de la concha de humo, soy yo;
esa grúa que lenta despierta bajo los cielos grises, soy yo;
esa camioneta varada entre dos lagos, soy yo;
esa nuca mojada por las nubes bajas y el esfuerzo, soy yo;
ese verbo que se convierte en nombre y adjetivo, soy yo;
esa flecha blanca sobre un fondo azul cobalto que dice "sigue adelante",
        soy yo;
esas letras amarillas que proclaman "ARRIVI - ARRIVALS", soy yo;
ese café fortísimo en una taza pequeña y blanca, soy yo;
esa máquina tragamonedas, sola en la primera hora, soy yo;

ese hombre que carga una maleta pesada y se despeina en el esfuerzo,
    soy yo;
esas dos mujeres que pasan del brazo protegiéndose del frío, soy yo;
esa pequeñita que llora si se acuerda del zumbido del avión, soy yo;
esos policías cruzados por una banda roja sobre el pecho, soy yo;
la banda roja sobre el pecho, soy yo;
ese viejo que se sienta al volante de su coche como si fuera de regreso
    a casa, soy yo;
Solamente yo no soy yo.

Aeropuerto de Milán
Otoño de 1997

LOMBARDÍA

La naturaleza
cumple con su parte:
inspira.

Cumplamos nosotros
con la nuestra:
inspiremos.

Lombardía
Otoño de 1997

WANG WEI REVISITED

Esas montañas junto al lago de Como
en las estribaciones de los Alpes
italianos… yo ya las conocía:

Las vi en un poema de Wang Wei.

Lago de Como
Otoño de 1997

ENTRE PARÉNTESIS

Éste es el este
me lo dice el sol que se oculta.

Y las piedras
hasta nueva orden
no suben a la montaña.

Bellagio
Octubre de 1997

CIGARRETA

Cabellera de humo… ¡ah!
Así te quiero
Más vieja que la tierra
Y más nueva que el cielo…

Más improbable
y más real

que un camello
que se hunde
de cabeza
en la neblina.

Bellagio
Otoño de 1997

LA LENGUA Y SUS SOLES

Escucha los pájaros:
Mira la fruta en el árbol.
Escucha los grillos:
Mira a lo lejos el lago.

Prueba la pera verde,
Siente el sol en tu cara.
Prueba el vino amargo y rojo,
Dale vueltas en tu cabeza.

¿A qué?

A la sensación
de que estás vivo
y que lo único que resta
es dar gracias,
dar gracias,
por las puertas abiertas.

Bellagio
Otoño de 1997

LA PLAGA DE SERBELLONI

Nubes de mosquitos,
mi sinceridad no tiene nada que decir…
sois demasiados y la distancia es mucha
y además el mundo es vasto y ajeno.

Nubes de mosquitos:
poco tengo que agregar.
La vida es la vida,
nada tiene sentido
y somos yo.

Serbelloni
Noviembre de 1997

AGUA LABRADA

Un oleaje de manos
ha redondeado la pila
de agua bendita
de San Giacomo.

San Giacomo
Otoño de 1997

CAMPOSANTO DE VARENNA

Nombres,
viejos nombres
nombres enterrados:

Levantas una piedra
y hay un nombre
muriéndose de frío…

Miras una flor
ojo de piedra
y una flor
te mira,
te dice:

"No pienses en mí,
piensa en tu muerte…"

Varenna
2 de noviembre de 1997

TARDE O TEMPRANO

Pasa un barco a lo lejos…
lentamente se acerca hasta desembarcar
en el diminuto puerto de Pescallo.

Poco después escucho
el cambio de ritmo en el oleaje.

Así son las olas de los grandes artistas
—me digo— de los verdaderos poetas:

Hoy se les ve pasar muy tristemente a lo lejos,
pero al rato, el eco de las olas que levantan
llega hasta la orilla…
    murmuran las piedras…
        nos dicen sus secretos…
            se escuchan aquí, en casa.

Pescallo
Noviembre de 1997

ENCUENTRO

Hoy vi a Paul Celan:

Era una hoja seca
flotando sobre el Sena…

París
11 de noviembre de 1997

STATE OF AFFAIRS

Y sí…
finalmente,
después de tanto batallar
para conseguirlo,
allí están
las nubes blancas,
gloriosas,

y el cielo más azul
que una naranja
en un poema
de Reverdy…
¿Y?

Mi vida es la respuesta.

San Diego State
Mayo de 1998

MUSEO DEL ORO

¡Cuántas aves,
dedales y campanas,
felinos y collares y tambores,
tucanes, fumadores, sapos, ranas,
mariposas, pulseras y cantores!

Alas de oro mecidas en las ramas
por el viento del tiempo y sus rumores…
aves santas tejidas en el sueño
del Árbol de la vida:
¡Dioses, hombres!

Museo del Oro, Bogotá
28 de agosto del 1998

RECOLLECTIONS OF SAN DIEGO

Una vez más, aquí,
en este parque de Balboa
que tan buenos momentos me ha dado;

En medio
de las nubes blancas
y de los penetrantes eucaliptos;

En medio
de las flores de loto
y los peces anaranjados en el estanque.

Aquí estoy:
ésta es la vida,
y la vida no me pide
nada a cambio... ¿o sí?

Soy feliz
simplemente
sin que esta frase sea feliz,
pues no soy "yo" el que es feliz...

Sólo sé que *se es* feliz
y que la felicidad *es*
y que pasa.

Sin embargo, algo en mí dice:
"no quiero que la vida se acabe..."

La vida es buena
y no parece pedirme nada
a cambio... ¿o sí?

Sé que el momento pasa
y que la vida —mi vida—
tarde o temprano
también pasará.

Y sé que después de este momento
en todos los sentidos inolvidable
viene otro momento inolvidable.

Las campanas sueñan oro
y en el pecho azul del aire
yo sigo vivo: respiro.

Quizá después de esta vida
venga otra… y otra…
¿quién sabe?

En todo caso,
otra vida… ¿para quién?

Y es —tal vez— este *quién*
el que habrá que dar
finalmente a cambio.

Balboa Park, San Diego
Febrero de 1999

ORACIÓN DE CLONMACNOISE

Como un ave que se detiene en el aire
para tomar respiro
embelesada por un momento
hasta el delirio
por la fuerza y la delicadeza
del viento:

Estas piedras y yo
hemos venido a orar
a Clonmacnoise.

Pero, ¿desde dónde han llegado
estas piedras a mi vida?
¿Desde dónde han venido
a orar en estos muros?

¿Desde dónde se eleva
este rumor de pájaros sin alas,
este gorjeo de pura luz,
esta estrella en la sangre?

Hemos venido a orar a Clonmacnoise
y siento al atardecer mi corazón
como un astro antiquísimo
palpitando en medio del cielo.

Las piedras de Clonmacnoise
son sólo una congregación de fieles
que han venido a orar sin saber por qué
ni por quién ni a qué ni a quién orar...

Como quien entiende
que si hace mucho frío
no queda más remedio
que buscar abrigo;

Como quien comprende
que tener un abrigo
no es más que un pretexto
para tener un guardabrigos;

Como quien descubre
que la palabra "Dios"
no es más que un gancho
para colgar nuestra oración.

Hemos venido a orar
y las piedras de Clonmacnoise
no me piden que calle
ni me piden que hable por ellas;

No me imponen el silencio
ni me dictan la canción;
la canción surge
por su propio acuerdo.

Un río de palabras y de flechas
bajo el arco de un largo puente;
un lago sin orillas, un sueño
que no tiene para cuando terminar.

Corren las aguas serenas del Shannon
y en la corriente nadan peces de piedra,
olas de piedra, reflejos de piedra
que también han venido a orar:

Una oración en silencio
que sin palabras prende
un halo plateado a esta tarde
incomparable, única en mi vida.

La hierba se pone de rodillas
para besar el rocío…

Las nubes no se apuran
a tocar el horizonte…

Y mis ojos se cierran
para que nadie me vea llorar.

Clonmacnoise, Irlanda
Otoño de 1999

CEREMONIA EN HONOR DEL BATALLÓN DE SAN PATRICIO

Han pasado 150 años
y no entendemos aún
que no hay fronteras
ni guerras justas.

Han pasado 150,000 años
y no entendemos todavía
que no hay frontera ni guerra
que valgan un juguete roto.

Han pasado 1.5 millones de años
y nada más no queremos entender
que no hay palabras que acaben
con las fronteras ni las guerras.

Clifden, Irlanda
Otoño de 1999

EL CAMINO DE LOS SIETE ARCOÍRIS

Una llamarada en el espejo retrovisor

Una piedra en medio de un lago

Una isla en la punta de los dedos

Un cometa recién caído

Un brochazo de cielo

Un paréntesis entre las nubes y la conversación

Un sueño

Gallway, Irlanda
Otoño de 1999

LA PIEDRA DE TULLYNALLY

Hay una piedra
en medio del claro,
en medio del bosque,
en medio del cielo de Tullynally.

Por fuera
es sólo una piedra
ancha y plana
como la palma de la mano.

Pero por dentro
es una piedra profunda
como una pupila sin fondo,

un abismo de tiempo sin espinas,
un espejo.

La noche gira
en estrellas locas
en su interior
y la luna de Irlanda
la conoce por su nombre...

Pero nosotros
tan sólo la conocemos
por su forma.

Le decimos "piedra"
porque por fuera
parece una piedra;

Pero yo en confianza
le digo al oído "noche"...

Porque allá dentro,
en lo más profundo del bosque,
he visto a la Osa Mayor...

Allí
donde el corazón del mundo
se vuelve uno
con mi corazón.

Tullynally, Irlanda
Otoño de 1999

DOMINGO POR LA MAÑANA
EN ST. STEPHEN'S GREEN

No lo puedo creer:
frente a mis ojos
se ha venido a posar,
como si nada,
la Princesa del Cuento:

Dos petirrojos
que sólo por placer
(¿pre-sentimiento?)
se dejan adorar
por mi mirada.

Dublin, Irlanda
Otoño de 1999

CABALLO POR ALFIL

Aquel
era el poema
prometido…

Éste
en la chimenea,
es nuestro fuego.

Glendalough, Irlanda
Otoño de 1999

INVIERNO

La nieve del silencio
cae lenta… lentamente
sobre mis pensamientos

Ruidoso, Nuevo México
Diciembre de 1999

CUERVO EN LA NIEVE

Una pizca
de sombra blanca
cae desde lo alto

Un velo de novia
un puño de espuma
una lluvia de sal

Un cuervo se posa
entre las ramas inmóviles
de un pino nevado

Inn of the Mountain Gods, Nuevo México
Diciembre de 1999

ÚLTIMA LUNA

La luna
a la distancia se pregunta

Si la luz
de la tierra es suficiente.

Las sombras
en seguida le responden

Que sí
mientras el tiempo pasa.

Nuevo México
25 de diciembre de 1999

LAGUNA MILAGROS

No sé cómo se construyeron las pirámides de Egipto
ni qué técnica se utilizó para trazar las figuras de Nazca
ni cuánto queda aún vivo del simbolismo tradicional…

Bastante misterio hay para mí en una mosca
que se posa en la barandilla recién pintada de azul
o en el vuelo de un zanate que pasa rasando el agua
o en el suave golpeteo de las olas en la quilla
de un bote que, tarde o temprano, va a naufragar.

Chetumal, Quintana Roo
Febrero del 2000

THE MERWIN PLAZA

La plaza pública
que lleva el nombre
de Merwin en Kohunlich

(del inglés *cohoon*
que quiere decir "corozo",

el fruto de la palma,
y *ridge*, "lomerío")

es el lugar común
donde las palabras
cambian de vestido,
cambian de idioma
como los árboles
cambian de follaje
con cada estación.

Kohunlich
Febrero de 2000

SOLIDARIDAD EN CHAPULTEPEC

Mientras yo medito
en el ruido que no cesa,
en las diez mil facetas
de la vida en el carbón,
y en los tonos de gris
de esta ciudad infernal,
me viene a acompañar

un cuervo

que no se queja del ruido
ni me convence de nada
ni tiene grandes teorías
que discutir o publicar.

Bosque de Chapultepec
Primavera de 2000

MI LABERINTO

El cielo es inmenso
sobre las torres disparejas
que coronan esta colina
en la Isla de Francia

Las gárgolas negras
y las golondrinas hacen su nido
sin hacer distinciones
entre santos, vírgenes y pecadores

Y lo que por dentro es noche ornada
de monstruos y vitrales
joyas de la mente, iluminaciones
por fuera es un bloque macizo de piedra

Fortaleza, libro abierto
al día ensimismado
más abundante que las palomas
y más ligero que un gorrión

*

Entro, sigo el hilo de oro
de mi propio laberinto
y llego al centro

Me enjugo las lágrimas
con el manto de la Virgen

Pido por mis hijos:
que amen, vivan
envejezcan, lloren
y al final comprendan

Y que ya viejos
traigan a sus nietos
de la mano a recorrer
el laberinto de Chartres

Cuando tú y yo ya no seamos
más que un puñado de polvo
disperso en el agua, en el viento
una imagen de un sueño

Pero recuerda:
una vez estuve aquí
      contigo
y estaré contigo siempre

     *

Y cuando llegue
la hora de la hora
no tengas miedo

Toma un poco
de polvo dorado
entre tus dedos

Y siéntelo: soy yo
sólo que con otro nombre
(ahora me llamo polvo)

     *

No temas
si hoy tengo
otra forma

Déjame seguir
el curso del río
de las cosas

De la vida
de la muerte
del espacio
del tiempo

Déjame ser
al fin el río
el manantial
y el mar

Chartres
Julio de 2000

BISBEE WASPS

Surtió efecto la voz:
al nombre de Bisbee
llegaron las avispas
volaron los pichones
las montañas rojizas
la nube y la turquesa

Y el silencio

se pudo escuchar

en las campanas nevadas

por las alas blancas del tiempo

Bisbee, Arizona
Octubre de 2000

S. N.

La vida es un cigarrillo
    que se apaga…
el tiempo no es el humo,
    es el fuego.

Este humo es por ti,
    es para ti:
sube entre las ramas
    de los pinos…

Una imagen no sensible
    a la vista,
solamente sensible
    al corazón.

Valle de Bravo
18 de febrero de 2001

LAS HORMIGAS
DE LA VILLA GRIMALDI

Aquí están,
aquí han estado siempre…
las hormigas de la Villa Grimaldi.

¿Hasta dónde —siempre— estarán?

Quién sabe…
Lo cierto es que hoy están aquí,
trabajando infatigables —como siempre—
sin esperar nada a cambio:

ni reconocimiento en este mundo
ni trascendencia en el otro.

Y simplemente siguen haciendo
lo que las hormigas hacen...
sin rencor, sin olvido, sin perdón.

Santiago de Chile
21 de marzo de 2001

SIERRA MADRE

En las faldas de la montaña
las sombras de las nubes
trazan sus ideogramas
sin manchar el papel.

El invierno trae una voz
que zumba en las orejas
del caballo adormilado
bajo los candelabros.

Animales de sombra
recorriendo sigilosos
la palma de la colina.

Un águila equivocada
frente a la resistencia
de un árbol de cobre.

*

Las libélulas miran
en silencio.

Los cactus cantan
   en silencio.

Nos encontramos
en silencio.

El dorso de la colina,
el viento de la colina,
los muslos de la colina.

La luz es un venado
y las sombras son flores
detrás de un párpado verde.

       Camino a Oaxaca
       Diciembre de 2001

EN SANT PERE DE RODES

En Sant Pere de Rodes
hoy como ayer
hombres de poca o mucha fe
ven con temor de Dios
en el aura labrada de la piedra
los ojos desorbitados del cordero
hundido en el misterio hasta las mieses
y en la cesta azul del mar
llena de peces
una red de protección
extendida entre las sienes
para los pescadores de ilusión.

      Sant Pere de Rodes, Cataluña
       21 de julio de 2002

EL VIAJE

Por más que he viajado
nunca me he movido
de mi lugar.

Yo siempre he estado aquí:
sobre la faz de la tierra,
a la sombra de la luna,
bajo la luz del sol.

ÁLBUM DE ESTAMPAS

LAS MANOS DE MARÍA

A Hubert Van Eyck

Las manos de María
en la Anunciación
de Hubert van Eyck
eran ya una paloma.

FORMA Y COLOR

A Piero della Francesca

Negro de la línea dura,
negro de la vacuidad,
donde la matemática es oscura
formas la realidad.

Azul de agua reflejada
y de bóveda celeste,
azul que vas detrás de la mirada
desde el este al oeste.

Rosa de los ocho vientos,
bajo un cielo de fragancias,

que en los ardientes pétalos sedientos
gotas de luz escancias.

Blanco de la forma pura,
blanco de la leche fresca…
y aún más hermoso y más que arquitectura
Piero della Francesca.

LOS MENSAJEROS

A Jean Fouquet

Ángeles faros
que estáis en los cielos

Mirad de frente
la cabeza de la Reina

Y el cinturón
de pálido oro viejo

Y al poco tiempo
hasta la Vía Láctea

Ángeles faros
que estáis en los cielos

Diamantes puros
de los ciervos de antaño

¡Renovadnos la luz!

EL BESO DE JUDAS

A Caravaggio

I

El día.
¿Qué hemos hecho del día?

Hemos acabado con lo mejor de nosotros
sólo por creer que el reconocimiento
era más importante que la vida.

II

La noche.
Pintar la noche.

Invocar un rectángulo de noche
y esperar a que aparezca de pronto
la profecía cumplida de su rostro.

III

Una luz.
Encender una luz.

Dar y recibir un beso al momento justo
incluidas la traición y la amargura
que fatalmente han de llegar.

AUTORRETRATO

A Anthony van Dyck

Toda la fuerza de un autorretrato
se dirige sin duda a la ilusión
de que no hay más altura que la humana
ni más centro que *yo.*

Así el autorretrato del artista
se encuentra dominado por la inútil
pasión de hacer un Dios de cada *yo*
para retar al tiempo.

Pues *yo* soy el que pinta autorretratos;
también soy el que escribe este poema:
yo soy el que gobierna esta cuarteta…
¿o soy un fingidor?

¿O soy un instrumento de fortuna,
un tubo donde soplan otros vientos,
un árbol que del cielo se desplanta
para tocar el suelo?

ORIENTALIA

A Eugene Delacroix

Las mujeres de Oriente
se guardan sus secretos…
Porque después de todo
¿qué sabemos en serio
si nada en este mundo
revela su misterio?

Y por más que buscamos,
que vamos y que vemos,
tal vez lo más sensato
sea guardar silencio.

Con el rostro cubierto
tras de cruzar la raya...
¿por qué el velo de Maya
si ya estamos despiertos?

FORS CLAVÍGERA

A John Ruskin

A mediados del siglo XIX
(¡hace ya 150 años!)
un concienzudo observador inglés
comenzó a tomar notas
científicas y bellas de las nubes:
anotó su altura, su forma, su velocidad;
llegó a saber a qué sabía cada nube,
de qué profundidad eran sus pensamientos,
cuánto gozo y cuánto dolor
cabía en cada una de ellas.

Por esas mismas fechas
un atildado caballero inglés
comenzó a observar que las nubes
ya no eran (o ya no se veían)
tan blancas como antes;
notó, con desasosiego, que las flores
desaparecían lentamente de los prados,
y que hasta los hielos de Suiza

se volvían cada vez más turbios
y enmudecían de color.

No fueron ellos, sin embargo,
los primeros en notar
que los cielos plomizos de Inglaterra
poco le debían ya al otoño
y sí mucho a las heces de la Edad de Hierro;
un terrible visionario inglés
fue el primero en darse cuenta
de que el tizne gris sobre su cabeza
provenía directa y siniestramente
de los hornos y las chimeneas de Satán.

Hoy, 150, 200 años después,
al final de un par de lamentables siglos
y al principio de un incierto milenio
(hemos acordado seguir con esta fantasía),
los nombres de Constable, Ruskin y Blake
resplandecen con luz propia
en el firmamento de los consagrados;
los cielos, por desgracia, son
en todas los rincones del planeta
cada vez más negros.

RÍO DE PIEDRAS

A Théodore Rousseau

Baja un río minucioso de piedras
desde las nubes remendadas
hasta la casa de mi amigo
en las orillas del pueblo;

Baja por entre las ramas secas
y las bardas de adobes amarillos;
baja desde el cielo craquelado
por las últimas parvadas;

Baja por cada cuesta y cada esquina,
por cada sombra y cada ventana,
entre los gritos de los puercos
y la luz ensimismada de las vacas;

Baja por los manojos de hierba
hasta su laberinto de raíces;
baja por los jardines diminutos
hasta la oscuridad de la rosa;

Baja por la pendiente de las ánimas
y las varas quebradas por el frío;

Baja por los aleros y las copas
sin veladoras ni luces prendidas.

INTERLUDIO

A Camille Pissarro

Una mesa llena:
una mesa vacía.
¡Qué fácil y qué difícil
es siempre la amistad!

Dura y exigente
como un río de piedras
que el agua no ha tocado
en mucho tiempo.

(Es tiempo de secas)

Insípida y transparente
como el agua de un río
cuando llueve dulcemente
y se retira la oscuridad.

RÍO DE LUCES

A Alfred Sisley

Mientras el sol se pone
a tararear una canción fuera de tono
un aroma rosáceo se extiende en el patio:
¡algo rico hierve en la cocina!

Y allá dentro del cielo
en lo dentro de lo dentro del cielo
duermen los luceros enfermos
su siesta de media vida.

La luna sonríe
detrás de las ramas secas
y las tímidas estrellas van prendiendo
su frágil árbol de Navidad.

PREGÓN

a Hermenegildo Bustos

Helado de piña,
nieve de piñón,
está San Francisco
en este rincón.

Helado de tuna,
nieve de melón,
purísima escarcha
de la concepción.

Helado de pera,
nieve de perón,
que la vida espera
muy cerca de León.

Nieve de naranja,
nieve de limón,
¡sed mi salvación!

VIENTO DEL NORTE

A Winslow Homer

Olas espumosas
y nubes prestadas
Todas esas cosas
están superadas…

Por más que ese mástil
se parezca a un arce,
la barca vibrátil
comienza a ladearse.

Con niños y grandes
en el contrapeso
gozando como antes

Las nubes de yeso,
los barcos mercantes,
las costas de hueso.

CROMOLITOGRAFÍA

A Gustave Caillebotte

París sólo existe en cromos impresos
y calles grises y edificios y balcones
con todo y volutas de hierro forjado
por esos ángeles de manos blancas
y guantes renegridos por el trato
de todas las monedas acumuladas
a lo largo de siglos de injusticias.

¡Confusión de números y plumas!
Y yo que creía que los paraguas
y los pianos y los calendarios
eran un regalo a los hombres
de la neutralidad del cielo...

CALAVERITA

a José Guadalupe Posada

Entre Vanegas y Arroyo,
entre buril y viruta,
posada al fondo del hoyo
yace una catrina enjuta.

Horrorosísimo crimen
de quien no debiendo nada
entre los huesos que gimen
ya está pidiendo posada.

MILADY

A Giovanni Segantini

Una estrella implora
postrada de hinojos

Vela veladora
niña de sus ojos

*

Una canto desciende
desde gran altura

El cabello hiende
su breve cintura

*

Llenan dulces sueños
las horas amargas

Sus pies muy pequeños
sus piernas muy largas

*

El sol es violeta
y el cielo rosado

La pasión secreta
círculo cerrado

*

Las lunas bisiestas
pendientes del plexo

En flamas enhiestas
la noche del sexo

*

El cielo profundo
la nieve mirada

Sin usted el mundo
simplemente nada

LA TIERRA NOS RECUERDA

A Pirosmani

Jardín perfecto en un principio,
completo en su inmediatez:
no era la mano del hombre
la que cuidaba a las criaturas.

Mas nacieron las sombras
una tarde de otoño y el sol
se fue volviendo oro líquido
minuto a minuto, gota a gota.

La noche se volvió una rosa
púrpura en medio del pecho,
y la oscuridad cobijó un cuerpo
y luego otro… y otro más…

Se elevaron las nubes amarillas
por un momento y se quedaron
como islas flotando en el espacio
mental, memorioso, pronosticado…

Un misterio para todos los días
—una gran fiesta y un banquete—
que se traducen en un cuadro
y una victoria sin vencidos.

Esta vieja historia se completa
con la metamorfosis de la fauna
y la flora en una luz y una canción
en el jardín cerrado del corazón.

EVA REVISITADA

A Levy-Dhurmer

I

Frescas son las joyas
que a través de la voz
de los héroes muertos
lloran todas las damas
delante del paisaje
que une sus pensamientos
al infausto dolor de Eva
en esta dulce tarde.

II

Mira qué ha sido de ti,
mi bella y triste Eva,
desde que la mala bestia
abrió feroz las fauces
y entre flores en ascuas
y piedras engañosas
te dijiste a ti misma:
"He de ascender al canto".

PAISAJE EN BLANCO Y NEGRO

A Albert Marquet

Un farol de hierro

        a la luz de unos ojos negros

Una barcaza oscura

        en la salinera de los días

Un caballo trotando

        en el tablero de ajedrez

Un puente de sombra

        sobre un río de arena

Una hoja de obsidiana

        y una raya en el papel

Una curva en patines

        en el hielo de la pista

Un reflejo ondulado

        al otro lado del espejo

Un presentimiento

        de nuestra iluminación

MAIASTRA

A Constantin Brancusi

un
re
lám
pa
go
u
na
es
ca
le
ra
de
o
ro
un
ár
bol
en
lla
mas
un
pá
ja
ro
de
cie
lo

SONETO DE MONTMARTRE

A Maurice Utrillo

La calle sube pero siempre pesa
la cuesta de Montmartre y pesa el vino,
como pesan la sombra del destino,
la luz, la soledad y la tristeza.

Nada más hay que ver con pereza
ya viene haciendo eses el camino
como un eco de ese otro desatino
que pudo ser estanque y sobremesa.

La tarde es gris pero la noche es blanca
para el pintor insomne que en la espera
empina el codo pero siempre quiere

Querer y que lo quieran. ¿O se estanca?
La liebre salta donde no se espera
y el espíritu sopla donde quiere.

DRAMA AMOROSO EN UN ACTO

A Oskar Kokoschka

Ella dijo que sus palabras no tenían sentido.
Él dijo que nadie más las escucharía.

Ella dijo cosas que nunca había dicho.
Él dijo que sintió la necesidad de mentir.

Ella debe haberse sentido muy triste.
Él debe haberse sentido muy triste.

Ella pensó en lo que aún no había sucedido.
Él pensó que ya no tenían mucho tiempo.

Ella vio venir la noche al pie de la montaña.
Él vio una parvada de risas tras el balcón.

Ella vio entonces una parvada de cuervos.
Él en cambio un campo lleno de grillos.

Ella debe haberse sentido muy confundida.
Él debe haberla visto llorar en silencio.

EL ESPECTRO DEL VISIBLE, ACASO

A Marcel Duchamp

Sol: luz redonda: ojo abierto del cielo.

*

El mundo entero cabe en la pupila: luces y sombras, perfumes visuales.

*

El mundo está de cabeza en la retina y la tierra está recostada en la mirada.

*

La tierra es siempre virgen por la virtud absolutoria de la mirada.

*

Miramos con la luz de la experiencia, pero vemos con la virginidad de la mirada.

*

La mirada depende de la luz, pero el cuerpo no depende de la sombra.

*

La luz es la memoria de las imágenes: más que la luz de la memoria, la memoria de la luz.

*

Pero, ¿en dónde vemos? ¿En los ojos? ¿En la retina? ¿En el cerebro? ¿En la memoria?

*

¿De dónde viene la luz con que vemos en los sueños? ¿Y a dónde se va la luz de una vela cuando se apaga?

*

A la velocidad de la luz no hay tiempo. No hay sombras a la velocidad de la luz.

*

Bien visto, ningún objeto tiene, en realidad, el color que supuestamente tiene.

*

El color de un objeto depende únicamente de su velocidad.

*

Éste es el Dominio del Espectro del Visible, acaso...

CUENTO DE HADAS

A Hans Arp

Una vez pasó y una vez no pasó que había una mosca de oro por cada 100 suspiros de quinceañera, y un árbol febril por cada una de las mañanas en que habíamos sido felices. Claro que ya no recuerdo casi nada… si acaso una casa rosa, unos inmensos caballos de vapor piafando en la azotea, una copa mecida en la hamaca de sus 15 años y las sordas municiones afinando el aire. Además de esa blanda, lenta voluptuosidad caída al chubasco que es buscar en las clavijas de la cuna, la clave de la luna y la clave de sol.

BODEGÓN

A Giorgio Morandi

La luna y las botellas
conversan en silencio:
el espacio cristaliza
en las cosas que se ven.

El mantel y la mesa
no discuten ni se quejan:
uno está arriba
y la otra está abajo;

Pero de este arreglo
no hay que concluir
que todo es explotación
o que no hay fiesta…

Y aquí se suspende el juicio.

Porque nada nos cuesta
darnos cuenta
de que en este espacio
—con todo y regalos—
sólo somos los invitados.

SAN SEBASTIÁN

A Egon Schiele

Tal parece que

la vida es una

tortura

que sólo

decrece

a ratos

con el objeto

de que

permanezcamos

sensibles

a otros

tormentos

EL ORO AZUL

A Joan Miró

luna

pájaro

luna

flor
mujer
caracol
estrellas
cintilando
al amanecer
en el oro azul

EL SUEÑO
DE LA MALINCHE

A Antonio Ruiz, "El Corcito"

Vencida por el sueño
de pronto se dio cuenta:

El mundo es muy pequeño
para tanta tormenta.

EL FUEGO Y LA BRASA

A André Masson

Tienen bien ágil el sueño
  entre tantas luces

Tienen bien tenue la noche
  en cada encarnación

Tienen bien largos los días
  mirando al horizonte

Tienen bien presta la espera
  cantando en el balcón

Tienen bien puestas las botas
  por cada rosa de humo

Tienen bien hondas las sombras
  por cada resplandor

Tienen bien visto el instante
    después del fin del tiempo

Tienen bien puesto el teorema
    después de la demostración

HOMBRE

A Alberto Giacometti

As
cen
sión
pu
ra
al
ma
de
hue
so
co
lum
na
ver
te
bral
río
de
lu
ces
len
gua
de
fue
go

UN VÉRITABLE DON DU CIEL

A Joseph Cornell

La vieja ciudad azul
teje su tela de araña
desde el centro del hotel
(Constelación del cisne)
donde el amor inventa
sus primeros escarceos.

Aquí está todo…
aquí a tu lado:
el oro y la ira,
bajo las nubes
recién lavadas.

Aquí está también el deseo
de ser una gran artista
debajo de los anuncios
y de los pensamientos
que ya se entrecruzan
en la almohada de siempre:

Un gorrión en la mano
y cientos de aviones volando
de azotea en azotea
de rascacielos en rascacielos.

Y el reloj de la luna
dando la hora solitaria
en el espejo de la belleza
de noviembre en Central Park.

El signo de la torre
echando su sombra oblicua
sobre la grama de Gramercy Park.

Y la calle que toma
la mano derecha y luego
la izquierda toma en Union Park.

Siempre, siempre Park, Utopia Park… way

Tú siempre,
yo siempre…
somos siempre
dos/no dos.

CABALLO DE VAPOR

A Víctor Brauner

Por la boca del caballo de vapor para la poesía me lleno la cabeza de
    cielo
Por el ojo del caballo de vapor la madre de la retina lleva a la niña del
    ojo a pasear
Por las narices del caballo de vapor un ave de viento sale a cantar
    temprano
Por el cuello del caballo de vapor desciende una manada vertebral
Un perro de lentas hojas en el ajedrez del patio
Una torre con sueños que se parecen a los hombres
Una parvada que recoge con el pico las estrellas del alba
Un camino que va pero que no vuelve nunca al punto de partida
Un sol en la tierra y una sombra en el cielo
Un erudito que lee sus propias barbas
Una noche convertida en una estatua de sal
Una primavera haciendo su nido en el horizonte del *oro de los tiempos*

Y al centro del caballo de vapor un ser humano con los ojos abiertos
Una mujer que antes de desnudarse juega con el bies de las faldas de
    la montaña
Una gata con las pupilas encendidas como luciérnagas en el tejado
Un niño con pensamientos más blancos que dientes de leche
Una progresión de números imaginarios listos para devorar el mar
Una niña que ata con su trenza las nubes y un anciano que desata los
    manojos de los años
Un arquero que acecha desde el bosque totémico contra la aridez
Un pez vela en el gentío ocultando su cola tras el saco
Una botella feliz después de haber bebido
Un jinete azul dispuesto al vuelo
Y tocando la tierra nuevamente el flechador de nieblas con su carga de
    constelaciones
El padre de los animales sentado en su palabra tomando del árbol
    algebráico de la vida los frutos maduros de la más absoluta
    casualidad

OJO

A Izamu Noguchi

Oración
Sol de tierra
Olla de formas
Que se calienta
Con el fuego
Del amor

DOS COPLAS A LA SALUD DE FRIDA

A Frida Kahlo

Siempre que aparece Frida
en una copla, la muerte
se reencuentra con la vida
feliz de volver más fuerte.

Fe de volver a la vida
de la mano con la muerte,
y de encontrar merecida
la veleidad de la suerte.

SIETE IMÁGENES Y UN COLLAGE

A Jiri Kolar

La pequeña cacatúa rosa de Max Ernst muere justo cuando nace
Luni, su hermanita. Ernst, al recibir ambas noticias al mismo tiempo,
se desvanece de la impresión.

Max Jacob, incapaz de pagar el alquiler del frac y también del taxi,
llega a pie al estreno de *Tricorne* y es arrollado por un auto frente al
teatro. Salva la vida milagrosamente y decide enclaustrarse en el
monasterio de Saint-Benoit.

Frida Kahlo, desnuda y bañada de sangre y polvo de oro, es retirada
del camión hecho chatarra después del accidente mientras la gente
grita: ¡la bailarina, la bailarina!

El célebre *marchand* de obras de arte, Ambroise Vollard, muere desnucado por una estatua en bronce de Maillol al frenar abruptamente el coche en el que viajaba.

El velo de una viuda llevado por el viento se estampa en el rostro de Picasso anunciándole la muerte de Apollinaire.

Al sacar del agua a la madre de Magritte, que ha cometido suicidio, surge su cabeza envuelta en su propia ropa como si fuera una mortaja. De aquí surge la pintura *El beso*.

A punto de morir, Henry Moore, ya muy viejo, recibe a una ancianita que había sido el amor platónico de su primera juventud. Como despedida, le pide un beso en la boca.

LA LUNA DEL SEGUNDO NACIMIENTO

A Joseph Beuys

I

Cada vez que abandonas su cuerpo
crece la duda y extiende su sombra

Nada has de encontrar en esta tierra
que no hayas perdido ya en el sueño

Pues nada de lo que ves te ha sido dado
sin que vaya tu propia vida en prenda

Y no es más que un milagro tu estadía
en la cuenta sin cuenta de los tiempos

II

Ha tocado la verdad de tus pupilas
con la leche inmediata del deseo

Pero tú has tocado con tus labios
los halos de la luna en sus oídos

Sin más entonación que la dulzura
que brota de esa grieta a medio cielo

Y rinde testimonio a su manera
convirtiendo el dolor en un deleite

III

Porque toda sucesión no es sino canto
de ese instante glorioso en cada cuerpo

Donde dos almas anhelando el olvido
se transforman en un ángel de alas rotas

Con los brazos inmersos en las nubes
semejantes a un barco transparente

Y las flores brotando de la nieve
como suaves pezones de sol sepia

IV

Constelaciones óptimas que circulan
en sus órbitas de clara geometría

Dando a luz impensables partituras
escritas para la carne y el hueso

Piel de tigre estrellado en las alturas
piel de pantera en celo a ras de tierra

Mira el espacio abierto sin historia
y el centro de la vida en todas partes

I. K. B.

A Yves Klein

La pasión de soñar
la posibilidad de acceder
a la absorción del filtro mágico
que permite rendir lo invisible
al polvo celeste de los visible
única porción de realidad
que lo mismo se alía
al manto de la Virgen
que al océano Pacífico

*

Nada es más azul
que el azul
el fuego azul
el planeta azul
el azul azul
impregnando la vida
de sensibilidad
de liviandad
de profundidad

*

Azul omnipotente
azul omnipresente
azul del pan del cielo
azul de las ideas azules
azul del corazón de la vida
azul de las venas del firmamento
azul de la mano que pinta una tela azul
azul de la distancia y del recuerdo
azul presente en toda cosa azul

*

Azul sombra del sueño
azul mar de la poesía
azul conquista de la luna
azul sembrado de maravillas
azul sábado en la madrugada
azul mañana de domingo
azul vidrio de los relicarios
azul Santa Capilla
azul guitarra azul

*

Azul de cobalto del Mediterráneo
azul de Prusia de la Costa azul
azul de China azul de Nimes
azul de la mezclilla
azul ultramarino
azul sangre de reyes
azul de la carta enviada
del mundo de los Dioses
al mundo de los hombres

      *

El sueño de la naturaleza
es azul por saturación
y por ese anhelo
del color azul
del azul oro
del azul plata
del azul rosa
del azul de Patinir
del azul original

      *

El azul de Darío
el azul de Claudel
el azul del Angélico
el azul de Mallarmé

El azul del Díptico Wilton

El azul de Poussin
el azul de Matisse
el azul de Picasso
el azul de Cézanne

      *

Epopeya monocroma
de los fluidos sensibles
el esplendor de la eternidad
y el ángel viento fondo azul

Tondo azul Venecia azul

Azul del Mississipi
azul de Muddy Waters
azul de Joni Mitchell
azul de Howling Wolf

        *

Aguamarina Zafiro Urano y Lapislázuli

Azul de la esfera azul
flotando sobre el cielo de París

Azul de otra bandera
azul de otras lágrimas

Azul de la ofrenda
de Santa Rita de Casia

International Klein Blue:
Azul Yves Klein

II. Materia prima

LA LLEGADA

A Armando Morales

Vengo
siguiéndote
por el corredor
de la luna desierta
hasta el espejo de agua
donde un puente de humo
delicadamente se balancea…
entre mis deseos y tus deseos

      Vengo siguiéndote
      y no hay engaño:
      nada volverá
      a ser como
      antes

HOMBRE MIRANDO AL INFINITO

A José Luis Cuevas

Me yergo humanamente aquí en mi silla:
allá arriba, en el firmamento
brillan desperdigados
los sueños de este día y otros mil…
como los juguetes que un niño ya no quiere
pues no tienen nada más que ofrecer
y sí en cambio exigen tiempo,
como exigen espacio para perdurar.

Me yergo como un árbol que la aurora
arrebata a la tierra insomne con la garra
luminosa que ha de vencer la suerte
nacida de su propio corazón.

Me yergo enhiesto con la hora
del ajuste final de cuentas
que me muestra lo absurdo de la lucha…

Pero, ¿de qué lucha estoy hablando, carajo,
si la vida me he sido regalada
desde un principio?

Y sin embargo me abate el peso
de mis propias expectativas y ambiciones
que —bien lo sé— no pasan de ser un fantasma,
una quimera más, abyecta, desesperada,
buscando en el agua imposible de los Dioses
la estela de plata de los tiempos:
La hacedora de prodigios.

PHIL BRAGAR PINTA UN RETRATO

A Phil Bragar

El ruido de la avenida es un lento río de moscas que fluye sin cesar. Phil descorre las cortinas y la luz clara y sucia de la ciudad de México penetra por la ventana, se expande por todo el cuarto, llena el estudio, suaviza las paredes y los cuadros.

Phil se pone unos guantes para comenzar a pintar: en medio del aparente desorden hay un rigor meticuloso, una concentración sencilla, un esfuerzo deliberado por alcanzar alguna verdad; no la verdad.

Pasa una sirena llorando, como siempre... como si la vida fuera tan sólo trabajar, sufrir y soñar alguna vez con ser feliz en medio de esta atestada soledad.

La gruesísima paleta de Phil descansa junto a la caja de pinceles: ninguno es nuevo y todos están manchados y limpios. El bajoalfombra que nos sirve de vehículo tiene tantas huellas de colores como su ropa.

Usa lentes, aparatos en los oídos, guantes de plástico, dientes de oro. Con las rodillas endurecidas por el tiempo, la voz pastosa, cascada, y una sensibilidad joven, fresca, el artista ve todo por primera vez.

Mete el pincel lleno de negro en el bote del blanco y sale como una paleta de helado de vainilla y chocolate, un árbol de días y noches: betún de la catedral de Siena en estado de ebullición.

Su rostro se ilumina con los colores: sube por la mano el placer de la pintura fluida, espesa, generosa. Trabaja para quitar las capas de ignorancia, de mugre, del polvo de todo eso que nos han enseñado.

El fuelle de su respiración ha sustituido ya el ruido del tráfico y el tráfago de la ciudad.

Phil pinta con las dos manos, con los dos ojos, con ambos lados del cerebro.

Mira, observa, acecha... deja que el cuadro le hable. Respeta sus ideas (las de la pintura, no las suyas). Sabe.

Por la claraboya del estudio un mandala de luz ilumina las formas y las palabras.

Es muy simple: se trata de escuchar con las manos, de escuchar con los ojos, de escuchar atentamente la voz del maestro que todos llevamos dentro.

LAS JAULAS DEL TIEMPO

A Alan Glass

I

Cada historia de amor
es un teatro de sombras
donde los personajes
cumplen con su destino
entre la luz del relámpago
y el estruendo del cielo.

Cada pájaro blanco y negro
es el enigma de una melodía
cantando como la lluvia
para las sombras de una voz.

II

Todas las sombras son superficiales,
aunque éstas sean proyectadas
por distintos cuerpos.

Es por ello que los viajes comienzan
en el norte de una alcoba nevada
y llegan hasta la cruz del sur.

Como la luna que tiembla en el agua
y que baja desde sendos volcanes
hasta el ombligo de la laguna.

III

Todas las sombras son superficiales,
aunque éstas sean proyectadas
en distintos cuerpos.

Dobles imágenes del cazador y de la presa
en la metamorfosis de los elementos
soñados por una bola de cristal.

Alas de polvo en las escalas del tiempo
de un caracol que lento se desdobla
ante la inminencia de un acuerdo
y que no renuncia a estar vivo
en la memoria del espejo.

IV

Cielos rojos, leones del oído, alturas
encendidas en las constelaciones
de una rosa oculta en el verano
fugaz de la intuición.

Especulaciones de una fuente y un calendario
que se encuentran casual y simplemente
en el interior del satín decorado
con iniciales de un guante.

Abjura de las sombras, pues son superficiales…
con la excepción, claro, de las sombras
que arroja el corazón de un poema.

LUJO, CALMA Y VOLUPTUOSIDAD

A Joy Laville

Bella como el delta de un río
como un gato de ojos almendrados
como los litorales de una hoja en el viento
como el rumor del cielo bajo las alas de un avión

Verdadera como la escritura de un palmar al alba
como una casa de pie bajo la lluvia oblicua
como un sello de garantía inviolado
como un vaso de agua con sed

Buena como la tierra mojada
como la curva de las olas del mar
como las huellas de un ciervo en la nieve
como el perfume discreto de una carta de amor

LA OBRA

A Teodoro González de León

Reunión de arquitectos:
cuentas y proyectos.
Reunión de poetas:
rayos y cometas.

Artes del espacio:
despacio, despacio…
Artes del lenguaje:
¡coraje, coraje!

En los arquitectos
lo que son defectos,

virtudes y netas
son en los poetas.

Eso tan humano:
esbozar un plano.
Esto tan divino:
todo es un camino.

ESPIGA

A Fernando González Gortázar

yo
haré
de cada
átomo
una
espiga:
encenderé
con ella
la
hoz
de mis
emociones
hasta
que
cada
espiga
sea por fin
una espiga
y mis
emociones
sean
por fin
mis
emociones

OCHO MANERAS
DE MIRAR A LAS AVES
EN UN INSTANTE

A Graciela Iturbide

¿Espina o pluma?
horizonte desierto
puño cerrado

*

Las aves son
la escritura del cielo
en gestación

*

Jaula de hierro
palomas mensajeras
sin mensajero

*

Y de repente
un cuervo de ceniza
¡un libro abierto!

*

¿Águila o sol?
Más que mancha de tinta
pluma florida

*

Alas abiertas
para un pueblo que sueña
otro escenario

*

Sombras de pájaros
sólo pueden volar
con la mirada

*

La vida sigue
alcaraván de luz
en la ventana

SUEÑO ENTRE PARÉNTESIS

A Pasquale Verdicchio

Aquel sueño
que (entre paréntesis)
se fue erigiendo poco a poco
de pronto estaba allí, completo
como una inmensa ola de piedra blanca
lista para devorar el mundo.

Digamos (entre paréntesis) que el pueblo
pudo haber estado perfectamente desierto
con sólo ventanas, corredores, pasillos
escaleras y puertas que conducen
de ninguna parte a ninguna parte.

Sin embargo había allí un hombre
—un silencioso testigo incómodo—
viendo directamente a la cámara
(viéndome a los ojos, a mí, a ti)
y más allá un niño con su perro negro
queriendo trasponer el umbral del sueño.

Digamos (otra vez entre paréntesis)
que el sueño pudo haber sido simétrico
con el reloj dando las doce en punto
en el centro de la fotografía.

Sin embargo el reloj
no se encontraba colocado
exactamente en el centro
y para colmo de males
marcaba las seis con 32 minutos.

Digamos, en fin (y entre paréntesis)
que en la construcción del orden de este sueño
el hombre, el reloj, el niño y el perro
no eran más que símbolos…
pero, ¿símbolos de qué?

¿De un país dormido en una fotografía?
¿De un mundo que ya no está para sutilezas?
¿De un universo detenido en la única hora de ninguno?

¡Cómo saberlo!
Sólo las campanas
flotando bajo la inmensa roca del cielo
podrían habernos ofrecido una respuesta…

Si es que tan sólo hubiéramos podido detenernos
a escuchar por un momento.

LA ESPERA

A Pepe Navarro

Alguien te está soñando
en la mansa corriente

Alguien te está llamando
para que le contestes

Se está metiendo en el agua
se está quedando dormida

Esperando en la calma
una forma de vida

*

Alguien te está esperando
de pie ante el horizonte

Alguien te está llamando
cuando tú le respondes

Se está saliendo del agua
se acaba de despertar

La luz del horizonte
para fotografiar

ARREANDO SOMBRAS

A Flor Garduño

Es cierto:
aquel caballo huyó…
pero su sombra me condujo
más allá de las luces de mi vida.

Sin mapa alguno
me llevó muy lejos…
hasta donde los rayos nacen
y las verdes sombras llegan a morir.

Allá donde un árbol
dorado siempre de cabeza
con las raíces firmes en el cielo
tiene las hojas prendidas por toda luz.

TEXTIL

A Trine Ellitsgaard

f . . . . f . . . . f . . . .
ibr . . . . ibr . . . . ibr . . . .
adehe . . . . adehe . . . . adehe . . . .
nequén . . . . nequén . . . . nequén . . . .
plástico . . . . estropajo . . . . plástico . . . .

. . . . o . . . . o . . . .
. . . . ro . . . . ro . . . .
. . . . fibr . . . . hilo . . . .
. . . . adehe . . . . depap . . . .
. . . . nequénpel . . . . elpelode . . . .
. . . . odecaballolino . . . . caballoseda . . . .

s . . . . s . . . . s . . . .
eda . . . . eda . . . . eda . . . .
pelode . . . . hilode . . . . pelode . . . .
caballoramia . . . . papelyseda . . . . caballoramia . . . .

. . . . p . . . . p . . . .
. . . . alm . . . . alm . . . .
. . . . erade . . . . erade . . . .
. . . . jipijapa . . . . jipijapa . . . .
. . . . pelodecab . . . . pelodecab . . . .
. . . . allolinoyoro . . . . allofibradepita . . . .

h . . . . l . . . . h . . . .
ene . . . . ino . . . . ene . . . .
quénlen . . . . pelo . . . . quénlen . . . .
guadevaca . . . . decaballo . . . . guadevaca . . . . . .

METAPHYSIC STRIP-TEASE

A Laurie Litowitz

Una vuelta más en el strip-tease

en apariencia interminable

de la triste agenda

de cada hora

vivida

*

mi vida

lenta se deshoja

y al final… ¿qué queda?

detrás de las hojas amarillas

tan sólo un vago anhelo de eternidad

DE LO PRECARIO
Y LO PERMANENTE

A Perla Krauze

Para soñar con las manos
hay que guardar silencio
y dejar la puerta abierta
al aire del deseo...

Y subir la mirada
por la escalera viva
que comunica al cielo
con la recién venida.

La Tierra que es el ojo
de donde brota el agua,
las ramas y las rocas,
la cera y los metales;

La princesa del cuento
que en el jardín de siempre
se divierte tejiendo
y haciendo lo que quiere.

¡Mira!

Las cortinas del cielo
lentamente se levantan...

¡Mira!

Una rosa plateada
bajo la luna de lavanda.

HACIA EL VOLCÁN

A Augusto Ramírez

Las flores que ama el día
se pierden en la noche:

Las vidas lentamente
se aman y se pierden.

*

Frente a la casa arranca
el largo y sinuoso camino:

Llega tarde o temprano
hasta la cima del volcán.

*

Allí afuera está el mundo
tras la barranca oscura:

Nos espera otro día,
la lluvia y los caminos…

LOS BALSEROS

a Julio Larraz

La noche es inmensa
El mar es inmenso
La hondura es inmensa
El silencio es inmenso
La desesperación es inmensa

El miedo es inmenso
La esperanza es inmensa

En medio de tanta inmensidad
la balsa diminuta

es una isla a la deriva
        un punto de fuga
                una luciérnaga perdida

en el sueño de otro sueño
        en la tormenta de grafito
                en la hoja en blanco de la noche

LA GOTA DE ORO

A Carlos Pellicer

Por la ventana roja
se ve el sol,
y por el sol
se mira lo que quieras…
no hace falta
que pintes las palmeras
ni la luz cenital
de un girasol;

Ni un bosque en gestación
en si bemol
ni una ventana abierta a las quimeras
de la hierba que canta
con las eras
y gira
con la música
del sol.

Basta pintar aquí
con la sonrisa
que evoca la pasión
de labios rojos
en la verde verdad
de nuestros nombres...

¿El arte para qué
si la premisa
de los Dioses
nos dice que los hombres
son sólo la ventana
de los ojos?

CUANDO LA TIERRA SUEÑA

A Gustavo Pérez

Mallarmé le confesó en una caminata nocturna al joven Valéry que
quería escribir un poema con la potencia del cielo estrellado. Gustavo
Pérez quiere construir con las manos una constelación de tierra con la
potencia de un poema. ¿Una coincidencia? Yo creo que se trata más
bien de desmesuradas ambiciones artísticas que pueden llegar a
convertirse en un anhelo. Una aspiración sin ambición. Una
inspiración. Como un punto que, aun estando fuera de la hoja de
papel, dicta la perspectiva de un dibujo. O como la serie de puntos
que gobiernan, desde más allá de los límites de una superficie blanca,
la forma de un paisaje. Una verdadera constelación. Como dice
Octavio Paz en el capítulo titulado "El revés del dibujo", de su bello
ensayo *Los hijos del limo:* "La palabra constelación evoca
inmediatamente la idea de música y la de música con sus múltiples
asociaciones, del acorde erótico de los cuerpos al acuerdo político
entre los hombres, suscita el nombre de Mallarmé. Estamos en el
centro de la analogía". Estamos en la semilla de la visión.

En una caminata nocturna al borde de la prolija selva que rodea su taller en Zoncuantla, Gustavo Pérez me confesó que, así como nunca ha tenido ambiciones políticas, ni de poder o de dinero, se halla poseído por una desmesurada ambición artística. Yo le respondí que, tal vez, más que de una ambición se trataba de un anhelo. De una aspiración sin ambición. Una verdadera inspiración. Como ese punto que, aun estando fuera de su cuaderno, gobierna la perspectiva de algunos de sus dibujos (o como una serie de puntos, si es que la perspectiva admite distintos puntos de fuga). Un paisaje que es, a la vez, una constelación de notas. Como si pudiéramos escuchar el otro lado de la noche. O mejor aún: como si lográramos ver el revés del dibujo. Al ritmo de la música de jazz que inunda esta tierra y la penetra con los acordes eróticos y sostenidos de la lluvia, vamos hacia el centro de la analogía en busca de la semilla de la visión.

La selva nocturna es un camino donde las estrellas rodean la fauna del taller de Gustavo Pérez. Aquí no hay más poder que el de la noche y sus metamorfosis. Así lo comprendí al borde de un anhelo. De una aspiración sin ambiciones. Una inspiración. Como esas estrellas que habiéndose apagado hace millones de años, nos siguen enviando su luz. El cielo es el cuaderno de un artista que con su atención gobierna la perspectiva (como si cada punto fuera un hito en el camino, una vida, un corazón). Un hermoso paisaje que es, a la vez, constelación de recuerdos y amores por venir. Pues tal vez sólo los amantes pueden ver el envés de la forma. ¿O será que el amor mismo es el revés del sol de la vida cotidiana? La música que penetra la noche con sus acordes… una lluvia de notas. El centro de la analogía en la semilla de la visión.

El camino de las estrellas ilumina el taller. Aquí no hay más que la noche y sus matemáticas creaciones al borde de un anhelo. De una aspiración sin ambición. De una inspiración. Y como las estrellas nos siguen enviando su maravillosa luz, habrá que dar equivalencias a la altura del canto, hoy que el cielo no es más que el cuaderno de un artista, y la tierra no es más que la perfección de esa esfera que gobierna todos los radios, incluidos los que emanan del corazón de

Gustavo Pérez. Un paisaje de recuerdos. Porque el amor es el envés de la forma, más allá del dibujo de la vida cotidiana. La luna de la música que penetra por la ventana e ilumina la noche con sus dulces acordes. Centro y analogía. Semilla y visión.

En el taller de la naturaleza no hay mejor herramienta que el erotismo de las formas. Así lo ha comprendido Gustavo Pérez. Un camino largo y que dura. Una noche que en el día encuentra su consumación. Que en el agua y el fuego de sus correspondientes creaciones reconoce un hondo anhelo de maravillosa luz. Reconoce el lugar que ocupa cada criatura en su proceso de gestación. Hoy que el canto del cielo y el silencio de la tierra se alían en los pliegues de las vasijas y en la redondez cóncava y convexa de su universo. Porque el amor al envés de la forma es el humor de la vida cotidiana: la sonrisa que late en el centro de la semilla de la visión.

Al borde de la noche las estrellas trazan un camino. Aquí no hay más que un anhelo, una aspiración sin ambición. Y como las estrellas nos conducen a todas partes, es mejor aceptar que el cielo tiene un haz y un envés: un dibujo y un no dibujo. Porque no es lo mismo dibujar en el cielo que dibujar con el cielo. Gustavo Pérez y la tierra se comprenden. Aquí no hay mas que inspiración. Dulces recuerdos y el amor a la forma, fuera del dibujo de la vida cotidiana. Un paisaje que emana del corazón. La música que ilumina la noche con sus oscuras ventanas. Al centro de la analogía, la semilla de una visión.

Los bordes de las vasijas de Gustavo Pérez nos hablan de la noche: allí donde las estrellas nos muestran con su luz el camino de las correspondencias, el camino del placer que perdura, el camino que tiene corazón. Y esto ya es más que un anhelo; mucho más que una aspiración. Las manos palpan el ritmo de la tierra y sienten cómo tiene un haz y un envés. Porque la tierra es real por un lado, pero irreal por el otro. Y lo mismo sucede con el cielo. Entonces la esencia del arte no puede ser de otra forma. Amor, centro, semilla y visión.

Las estrellas escriben en la página en blanco de la noche un camino, un anhelo, una aspiración. Y como el lenguaje de las estrellas es silencioso, nosotros tenemos que escuchar en silencio su canción de amor. Porque no es lo mismo dibujar con notas que escuchar el cielo. Aquí no falta inspiración. La mano y el oído de Gustavo Pérez comprenden la forma de la tierra y los paisajes del corazón. La noche es música para la luz. El fruto de las analogías está en la semilla de la visión.

La voz de la tierra nos canta del cielo. Hay una aspiración al silencio en el trabajo de todo artista que moldea el mundo con sus manos. Las estrellas esgrafiadas en una vasija de Gustavo Pérez iluminan el camino blanco con sus anhelos. A nosotros nos toca ser testigos: descifrar las notas, palpar los pliegues y dar la mano al misterio hasta decir que sí a la inspiración. Que el viaje redondo se cumpla en la visión.

El lenguaje de la tierra es silencioso. Y este camino es una página en blanco donde la noche nos escribe. El anhelo de escudriñar el amor en el silencio y hablar el lenguaje de la semilla está en las manos de Gustavo Pérez. El oído es más que escucha. La silueta de los amantes tras la ventana, en el centro de la analogía, entregándose al placer de la visión.

Vasijas voluptuosas de Gustavo Pérez: los cuerpos que se aman inscriben en la noche sus formas. La mano les sigue como su sombra. El camino de la semilla es una página en blanco y el anhelo, una lengua que sólo habla el corazón. En la ventana de los ojos, siluetas para el placer de la visión.

Cada vasija de Gustavo Pérez es una semilla, una página en blanco, un anhelo. El dibujo en el barro es un lenguaje, pero dibujar con barro es otra cosa: es una canción. La mano es al corazón lo que la sombra es a la forma, los ojos a la visión.

Cada poema es una vasija y cada semilla es una página en blanco, un mensaje al corazón. Las manos de Gustavo Pérez le dan sombra a la forma; amor a los ojos; placer a la visión.

La visión de la forma es la semilla del trabajo de Gustavo Pérez. El dibujo es la palabra, pero el silencio es la canción.

Vasijas de barro en el corazón de la semilla de la forma.

Desde la semilla de la vasija de la forma.

Hasta la pura forma.

La visión.

HOY ES DISTINTO

A Xavier Sagarra

El árbol plantado
en medio del jardín
de la mansión paterna

Después de aquel día
¡ay! se fue quedando
seco poco a poco

Antes daba frutos
rotundos y buenos
durante todo el año

Hoy es distinto

Noche tras noche
las constelaciones
son sus únicas hojas

Y una luna amarilla
madura solitaria
entre sus ramas

MITADES

A Arnulfo Mendoza

I

La mitad de la tierra
no sueña con la luna.
La mitad de la luna
no sueña con el sol.

Si la luna es la trama,
y si el sol es la urdimbre,
esta tierra es la tela
donde acaso se vive.

II

La vida es la comedia
y la muerte es el drama,
pero el textil de siempre
es la urdimbre y la trama.

La mitad de la vida,
la mitad de la muerte:
una tela tejida
con un hilo de suerte.

LA NOVIA DEL VIENTO

A Sergio Hernández

No hay tiempo, no hay tiempo,
y sin embargo hay paisaje
para la novia del viento.

No hay cielo, no hay cielo,
y sin embargo hay encaje
para la novia y su vuelo.

Sus brazos se extienden
en las cuatro direcciones:

como si con las diez manos
pudiera tocar el mundo;

como si con los cien dedos
pudiera rasgar el velo;

como si con las mil uñas
pudiera ahondar la herida;

como si con los diez mil seres
pudiera entender el cielo.

EL SUEÑO DORADO…

A Demián Flores

Siempre se ha dicho
que la pelota de béisbol
tiene 108 costuras.

Yo las he contado y es verdad.
Aunque, bien visto, depende…

Si se cuentan las costuras dobles
son, en efecto, 108.

Pero si se cuentan
las costuras sencillas
son, entonces, 216.

Ambos números
(como todos los números)
son redondos y sagrados.

Conozco sus atributos
pues los he utilizado
para estructurar todos mis libros.

Y mejor sería decir:
me los he encontrado
al dilucidar la estructura
de cada uno de mis libros.

En alas de estos números
los poemas vuelan mejor.

Y en este sentido el béisbol
es igual que la poesía. O *casi*…

La bola vuela más
alto, más lejos, más rápido,
si se le quitan una o dos costuras.

PRINCIPIO DE INCERTIDUMBRE

A Beatriz Ezban

Al mirar un cuadro
realmente… ¿qué veo?

¿Lo que está pintado
o lo que yo creo?

¿Estoy viendo un mundo
o estoy viendo un plano?

¿Miro algo profundo
o no estoy mirando?

¿Y es que sólo miro
o realmente veo?

¿Creo lo que miro?
¿Miro lo que creo?

¿Lo que dice el cuadro?
¿La voz del pintor?

¿Lo que está pintado?
¿Lo que pienso yo?

¿Y de dónde parte
lo que se pintó?

¿Es una obra de arte
o sólo soy yo?

¿Y cuál es el juego
que juega el pintor?

¿Es tan sólo el ego
o el arte no es yo?

Fuere lo que fuere…
¿Qué quiere el pintor?

¿Lo que el pintor quiere?
¿Lo que quiero yo?

¿Colores y formas?
¿Conceptos? ¿Anhelos?

¿Serán sólo historias?
¿Serán sólo velos?

¿O será otra cosa
lo que dice un cuadro?

Un mundo de formas
que canta callado…

EN EL OMBLIGO
DEL CONEJO DE LA LUNA

A Alberto Dilger

I

Entro
centro
adentro
encuentro
el epicentro

y no hay pétalos
ni hay dalias
para el colibrí
que persevera
en la mirada

no hay
adonde entrar

ni viaje
ni pivote
ni lugar
para volver

no hay mi
ni yo
ni patria
ni materia

no hay más
mi país
mi gente
mi ciudad

no hay
      me concentro

no hay
      yo me entiendo solo

no hay
      lugar para pensarlo dos veces

no hay
      mosca para la ventana de la otra realidad

      II

Centro

luz y fuerza

¿qué hay?

¡ay!
      tan sólo
               este silencio

Tan sólo esta gana de sanar
      esta gana de ver
      esta gana de ser de nuevo
      de no tener miedo
      de renunciar a las minas de sal
      y su respectivo salario
      de decir que sí
      de decir que no
      de no decir
      de no quejarse
      de dar las gracias
      de recobrar la salud

y de cambiar esta ciudad
por el cielo cambiante del mar

y en medio del cielo
la gente y las palomas
los autos y las palomas
el ruido y las palomas
la basura y las palomas
los techos y las palomas
el espacio y las palomas
el tiempo y las palomas

la plaza

donde vuelan

las horas

más libres

y descaradas

que las palomas

III

Adentro

todo el oriente
es un palacio de mentiras
el águila y el tiempo
la bandera y el reloj

todo el sur
es una hamaca para soñar de nuevo

el entorno y el centro
la luz y el corazón

todo el poniente
es un pacto entre fuerzas enemigas

el entorno y el centro
la bandera y el reloj

todo el norte
es un perro negro para soñar

el águila y el tiempo
la luz y el corazón

IV

Encuentro
una plaza vacía
una ciudad enferma
un pueblo a la medida
un país a medias

encuentro
no lo que busco
sino lo que me busca

encuentro
un volcán en el bolsillo

la mano cerrada
un puñado de monedas

la mano abierta
azules las montañas

encuentro un país
>   donde las arcadas
>   son las cejas
>   y los hombres
>   las miradas

encuentro un verso en llamas

un incendio
>   sangrando en las vitrinas
>   y cuatro resplandores
>   vivos
>   en el centro
>   de la plaza

El primer resplandor
>   en el horizonte
>   que sólo es visible
>   por un intersticio
>   busca refugio
>   en la primera hora

El segundo exige
>   que se abran las puertas
>   de la ciudad
>   para que el agua
>   no llegue
>   a causar ningún daño

El tercer resplandor
>   si es que existe
>   se extiende
>   como una sombra
>   entre el lenguaje
>   y el mundo

el cuarto
　　está más vacío que nada

es el descenso

　　al infierno

　　　de todos

　　　　los dioses

　　　　　muertos

V

*

**

entro

centro

adentro

encuentro

el epicentro

•

el epicentro

encuentro

adentro

centro

entro

**

*

TIEMPO EXTRA

I. Tiempo extra

EMBLEMA

El temor
es el ala del tiempo
que vuela en el pasado.

El deseo
es el ala del tiempo
que vuela en el futuro.

Pero
la eternidad
es un pájaro transparente.

SÓLO SOY

Canto, hablo,
callo. Soy.

Como, respiro,
digiero. Soy.

Duermo, siento,
sueño. Soy.

Despierto, excreto,
secreto… Soy.

QUIÉN SABE

Ve qué frágil es
el hilo de la vida.

Ve qué fino es
¡qué suave!

Y quizá después
ya no ocupar espacio.

Y quizá después
¡quién sabe!

SIN TÍTULO

El poder del sueño
radica en la vigilia.

El poder de la vigilia
radica en el tiempo.

El poder del tiempo
radica en la música.

El poder de la música
radica en el silencio.

DOS NO DOS

Somos el día y la noche
para un mismo mundo;

Somos dos viajes de ida
y un mismo regreso;

Somos dos flautas
dando la misma nota;

Somos dos corazones
en un mismo pecho.

PRIMER DOMINGO EN ASCUAS

La madrugada guarda silencio
con los ojos cerrados,

Disuelve todos los candados
en la oración del alba.

El sol no es la luna del día,
es nuestro cuerpo.

La luna no es el sol de la noche,
es nuestra alma.

SEGUNDO DOMINGO EN ASCUAS

Las piedras rojas son labios,
las piedras blancas son pan…

La vida vaga entre las islas
de la palabra y del gesto,

Y el ruido de las máquinas
construye su cárcel de oro,

Pero una nota en el sueño
nos puede despertar.

TERCER DOMINGO EN ASCUAS

Porque no está dicho
que hemos de estar atados

Al clarín de los gallos
ni al vuelo de las palomas

Buscamos esa luz que
con la voz del viento canta.

El día puede comenzar
con el sol de las palabras.

CUARTO DOMINGO EN ASCUAS

Porque unimos al azar
fragmentos del paisaje,

Manos de barro
y senos de marfil,

Unimos también
la sombra y el perfil

Del sol encendido
en los tejados.

EL ÚLTIMO REFUGIO

Cuando quiero huir del tiempo,
mi refugio es el espacio.

Cuando quiero huir del espacio,
mi refugio es el tiempo.

Cuando quiero huir del espacio
y del tiempo, mi refugio soy yo.

Cuando quiero huir de mí,
el único refugio es Dios.

MÁS ALLA DEL NOMBRE

Las palabras
marcan direcciones y distancias.

La voz
canta con la edad del hombre.

Bajo el cielo
la luz crece en silencio

Y borra
con su melodía las palabras.

LA MISTERIOSA RECOMPENSA

La poesía ofrece
una misteriosa recompensa: hacerla.

El amor ofrece
una misteriosa recompensa: amar.

La vida ofrece
una misteriosa recompensa: vivir.

No hay secretos.
Éste es el secreto.

PROYECTO DE YO

Hora de arena clara
y espuma de los sueños
que sepulta ciudades
de sal en mar abierto.

Mar calado de espumas
para mi pensamiento:
sé que soy del que soy
sólo un proyecto.

Diente con diente,
el yo es un misterio:
es un cielo nublado
de luz, un cielo abierto…

Es un árbol sin hojas
y el sol del entrecejo
donde baila la muerte
su son cálido y seco.

OTRO MAR MÁS BLANCO

Un huerto con naranjos y manzanos,
una ausencia de polvo en la memoria,
un jardín de perfumes prematuros
y una casa de música distante….

Un encono de luz y un bies de sombra,
un arco bajo el sol y el horizonte
del cielo en cada hora… primavera
y la ropa de abril recién lavada.

En la línea del sueño y la vigilia
una foto de un niño en blanco y negro;
sólo soy un recuerdo que recuerda
haber mirado el mar alguna vez .

OTRO MAR MÁS VERDE

Una raya de gis pinta despacio
lo que el azul del cielo borra luego…
el mar de la leyenda que olvidamos
nos platica su historia nuevamente:

Caballitos de mar en la memoria,
bicicletas en ráfagas de viento,
las nubes en la iglesia son al alba
lo que el pasto más tarde a la verdad:

Un holán y un vaivén acompasado
y en la hierba del mar un toro incierto…
todo pasa de largo y me doy cuenta
que unos van y otros vienen del misterio.

OTRO MAR MÁS AZUL

Puede haber un caballo sin jinete
pero no hay caballero sin caballo:
la sal necesita la pimienta,
y el azúcar requiere de la sal.

La arena y el reloj no son lo mismo.
Y la arena y la espuma nos dan fe
del mar de la vida que en el fondo
busca la tierra para descansar.

La noche tiene los ojos cerrados
y el día tiene los ojos abiertos…
un océano de luz en la mirada
y una playa a la sombra del amor.

OTRO MAR MÁS NEGRO

¿Qué sería la tierra sin el mar?
¿Qué sería la tierra sin la muerte?
Los cables de la luz están cantando
y la línea de espuma es sólo un eco.

¿Qué sería la noche sin el día?
¿Qué sería la noche sin el sueño?
Nada más una flauta sin sonido,
nada más el vacío de una sombra.

Así aparece lo que recordamos
y así se pierde lo que conocemos:
con los ojos abiertos, el espacio;
con los ojos cerrados, todo el tiempo.

MISTERIOS

I

Arriba del cielo
    hay otro cielo;
y arriba de ese cielo
    hay *otro* cielo;
pero arriba de *ese* cielo
    hay *otro cielo.*

Éste es el misterio.

II

Abajo del infierno
    hay otro infierno;
y abajo de ese infierno
    hay *otro* infierno;
pero abajo de *ese* infierno
    hay *otro infierno.*

Y en esto no hay misterio.

III

Al centro del camino
    hay otro camino;
y al centro de este camino
    hay *otro* camino;
pero al centro de *este* camino
    hay *otro camino.*

¿Acaso no es esto el misterio?

IV

Adentro del bosque
    hay otro bosque;
y adentro de este bosque
    hay *otro* bosque;
pero adentro de *este* bosque
    hay *otro bosque.*

Sin embargo, el mayor misterio de todos
es que no existe bosque ni camino,
no hay cielo ni hay infierno.

HOMBRES Y PIEDRAS

Hombres:
islas de tiempo
en el eterno mar del espacio.

Piedras:
islas de espacio
en el eterno mar del tiempo.

POEMA DIDÁCTICO

Del idioma
hay que aprender
a recordar todo lo que se ha dicho.

Del silencio
hay que aprender
a olvidar todo lo que se ha aprendido.

NADA NI NADIE

Realmente no hay nada
que altere tu ritmo.

Realmente no hay nadie
más allá de tu mirada.

Tu mirada: tú mismo.
Tú mismo: nada…

ASCENSO DE ENERGÍA

El hombre
sintiendo cerca
la hora de su muerte

Se tendió
sobre la página
en blanco de la sábana

Donde
su sombra
formó un pájaro.

ABSOLUTO Y RELATIVO

En lo absoluto
la observación es correcta:
todo está relacionado.

En lo relativo
el error es pensar
que todos lo comprenden.

Nada está separado
pero no todos
vemos lo mismo.

Todo está separado
pero juntos conspiramos.

ESBOZO

¡Alabanza, fruto de tus hombros!
Suavidad de arenas en declive…
la blanca finitud recibe
punteadas líneas, límites, escombros…

La impaciencia, un cielo que arde,
luminosa vela en otra tierra…
este cansado trazo cierra
la esfera dolorida de una tarde.

Distancia donde boca,
¡qué viento la cintura
contorna cuanto siente!

En la oquedad silente:
destello de una dura
ficción: cristal de roca.

PRIMER SONETO

Tengo que ser el que soy
si mañana quiero ser
lo que de mí pueda hacer
el lugar a donde voy.

Llegar a ser el que es hoy
y aparecer como aquél
que con sólo ser fue fiel
al lugar en donde estoy.

El futuro ya vivido
sólo ha sido la razón
multiplicando el quizá…

Y los que una vez he sido
seguirán tal como son
vivos en lo que será.

CASA ENTRE NUBES

Un árbol bajo tierra
a espaldas del cielo
dice: que los muertos

Entierren a sus muertos
en cada una de esas hojas
sin pedirle permiso a nadie

Siguiendo las pistas falsas
donde acaso especulan
las heces del tiempo.

Un grito en plena noche
según la vieja tesis
de esa casa entre nubes

Más rara que su forma
que penetra en los huesos
a recobrar el cielo.

LOS COLORES

Verdes por las altas ramas
y por las hojas bondad…
en los ojos de las damas
pintan sombras de verdad.

Naranjas de tonos sabios,
anaranjados desiertos…
vierten su gracia en los labios
de aquellos que están despiertos.

Violetas de alma sencilla,
han bordado una ciudad
junto al bies de la bastilla
y el sol de la eternidad.

Rojo del nombre ceñido,
rojo con alas de fuego,
no te quedaste dormido
pero despertaste luego.

II. Más de este silencio

TANKA DEL ESTE

La luz del sol
acorta la distancia
hacia la sed

Para toda ira ciega
existe un ojo de agua

DIEZ HAIKÚS DE PRIMAVERA

I

Sol que despierta
la excitación del vuelo
dentro del cuerpo

II

Un mismo asombro
la breve mariposa
y las montañas

III

¿Prohibido el paso?
Los pájaros disfrutan
a su manera

IV

Tiendo las jergas
mis humildes banderas
sin leones ni águilas

V

Ave en la luz
espejo de palabras
pizca de sal

VI

¿Visión o reflejo?
un sonido que flota
en el espejo

VII

Polen al aire
las flores en el árbol
las hojas frescas

VIII

El corazón
aroma del silencio
del colibrí

IX

Arena suelta
media luna de pájaros
vamos de vuelta

X

Cantan los gallos
con su voz y mi voz
¡oh Tathagatha!

TANKA DEL SUR

La falda al viento
turquesa en el azul
de tu mirada

El mar es un color
que viene desde el sur

DIEZ HAIKÚS DE VERANO

I

Luz en la luz
mientras suena el reloj
tiempo vacío

II

No cortan pasto
ni hierba en tu jardín
son esmeraldas

III

Musgo en la piedra
¿es verano o invierno?
¡la lagartija!

IV

Los sauces lloran
porque el cielo está gris
y el humo azulado

V

Agua que corre
la nube y su reflejo
agua estancada

VI

Tarde de lluvia
mientras otros escriben
miro en silencio

VII

Cresta de nubes
la nieve del verano
en las montañas

VIII

Ya se despeja
ya se cubre otra vez
¿nada de nada?

IX

Peina al océano
la espuma de sus olas
otro pelícano

X

La transparencia
entre el agua y el cielo
espejo de palabras

TANKA DEL OESTE

Después del sol
brillando en las espigas
no existe nada

Que no tenga el perfume
de un crepúsculo en llamas

DIEZ HAIKÚS DE OTOÑO

I

Se hacen a un lado
para que no las pisen
las hojas secas

II

Suaves laderas
musgo dorado y sal
en el escote

III

Ha perfumado
dos cubetas de leche
la vaca roja

IV

Nubes de leche
flotando en el mantel
de flores blancas

V

Nubes arriba
y en la tierra las vacas
desperdigadas

VI

Mis pensamientos
lentos rayos de sol
cristalizados

VII

Hay siete frutas
en la cesta de paja
¿cómo sabrán?

VIII

La boca roja
con luz de luna llena
los cuartos blancos

IX

La boca abierta
los párpados cerrados
¿estás despierta?

X

Espigas rosas
junto al camino
dulce destino

TANKA DEL NORTE

Y hasta el final
tan sólo las estrellas
están despiertas

La noche es más profunda
que el amor por la música

DIEZ HAIKÚS DE INVIERNO

I

Montaña oscura
y niños en el cielo
cerca del humo

II

Para la noche
es toda la ciudad
cuarto vacío

III

Guardan silencio
nombre y fechas al pie
de los volcanes

IV

Velo de nieve
piedra semipreciosa
¡fuego interior!

V

Lirio del valle
flor negra del silencio
luz inviolada

VI

Roca suspensa
entre dos parpadeos
dura... y queda

VII

Estrellas negras
mis ansias de infinito
y el cielo en blanco

VIII

La oscuridad
una página en blanco
para soñar

IX

Mis pensamientos
se van con el sonido
de una campana

X

Los vendedores
no tienen que rendir
cuentas aún

TEORÍA DEL ESPACIO

Vamos a comenzar por el principio:

Estamos aquí.

Ustedes lo saben tan bien como yo.

Unidos por la palabra estamos aquí.
Al servicio de una voz estamos aquí.
Leyendo entre líneas estamos aquí.
Al pie de la letra estamos aquí.

¿Acaso conocemos otro punto
de partida que el estar aquí?

Nunca hemos estado en otro lugar.
Nunca hemos conocido otro tiempo.
Nunca nos hemos visto en el pasado.
Nunca nos encontraremos en el futuro.

Esto es lo que conocemos
y esto lo que compartimos.

No tenemos otro espacio.
No tenemos otro tiempo.

No tenemos otra vida.
No tenemos otro cuerpo.

Estamos aquí.
Sólo aquí.
Aquí.

TEORÍA DEL TIEMPO

El tiempo.
Los seres humanos
pensamos en el tiempo.

El tiempo
existe para nosotros
como una serie de imágenes.

Y claro,
existen asimismo
muchas imágenes del tiempo.

Durante la infancia y la juventud
—lo mismo de los hombres
que de las civilizaciones—
priva la imagen del tiempo
como una constante suma:
un añadido que hace crecer la vida
como hace crecer las raíces
o las hojas de una planta.

Sin embargo,
llegados a un cierto punto,
esta imagen invierte su sentido.

La vida parece ser
—a partir de entonces—
una inmesa resta.

Como quien arranca las hojas
de un viejo calendario.

Ambas imágenes
son limitadas, parciales,
y relativamente falsas.

Pero ambas imágenes
producen efectos distintos.

Mientras que la suma
nos deja del lado de la gratitud,
la resta nos deja en el desasosiego.

Sólo el instante sin tiempo
no sabe de sumas ni de restas.

Sólo el presente dorado
no reconoce pérdidas ni ganancias.

Sólo aquí no cabe ya
ni la gratitud ni la ingratitud.

Sólo en este momento
podemos ser.

Y es la gracia
misma del tiempo
quien sostiene.

TEORÍA DE NEWTON

Se dice que Newton
vio de un solo golpe intuitivo
—como en un relámpago,
un centímetro cúbico de suerte,
una ráfaga de viento—
que las leyes que controlan
la caída de una manzana
desde la copa de un árbol
son las mismas
que las que definen
las órbitas de los planetas,
la forma de la luna
y la velocidad del sol.

Muchos siglos después
la poderosa combinación
de la mecánica cuántica
y la teoría de la relatividad
superaron la teoría de Newton.

La superaron, al menos,
en extensión y en profundidad
pues lograron explicar fenómenos
que la vieja teoría no puede explicar.

Sin embargo,
las nuevas teorías
no han ido más lejos
en un punto esencial:
todo lo que existe
—visible e invisible—
se rige por las mismas leyes.

Hay una sola norma
en el universo que vale
lo mismo para las estrellas
que para las manzanas,
las órbitas de los planetas,
la forma de la luna
y la velocidad del sol.

Hay una sola ley
que lo mismo gobierna
la mente de un físico
que los versos de este poema.

TEORÍA DE LA INFORMACIÓN

I

Dos mujeres sentadas en una banca
miran a los niños jugar en el parque
mientras repican en la iglesia
unas enormes campanas.

—¡Qué maravillosa música
la de estas campanas! —comenta
una de las mujeres entusiasmada.

—¿Qué dices? —responde la otra.

—¡Que me encanta la música
que hacen las campanas! —repite
la primera en voz más alta,
esbozando al decirlo una sonrisa.

—Lo siento… no te oigo —dice
la otra mujer sonriendo
en clara respuesta
a su entusiasmo.

—¿Por qué?

—¡Es que esas malditas campanas
no me dejan oír nada
con tanto ruido!

II

Las conversaciones
en medio del escándalo
de una fiesta son inteligibles
justamente por esto.

Un gesto de admiración
seguido de una sonrisa
es respondido de inmediato
por otra sonrisa
y, muy probablemente,
por un gesto de admiración.

Así sucede con la vida misma:
su lenguaje no sólo es preciso;
también es excesivo, redundante:

El número de estrellas en el cielo,
el número de flores en una jacaranda,
el número de palabras en un diccionario,
el número de espermatozoides en una eyaculación.

La sobreabundancia
corrige los defectos del ruido
en la comunicación.

TEORÍA DE LA INCERTIDUMBRE

I

Heisenberg descubrió
que un investigador
asomado al microscopio
—se dé cuenta o no—
es parte del experimento
que está llevando a cabo
porque la misma luz
que utiliza para observar
lo que está pasando
en su experimento
altera fundamentalmente
el orden de lo que observa.

Esto es justo lo que pasa
cuando unos padres quieren saber
cómo se comportan sus niños
en la compañía de otros niños
cuando ellos no están presentes.

Si los padres aparecen
cambia de inmediato
la forma de interacción.

II

No es lo mismo un tren en reposo
que un tren bala
deslizándose sobre las vías
a toda velocidad.

Esto es evidente.

La velocidad cambia
las condiciones de un objeto.

Si hablamos de las velocidades
cercanas a la de la luz
que rigen y dirigen
los movimientos de los átomos
y las partículas subatómicas,
estamos hablando de una realidad aparte:

Un mundo impensable
donde no sólo se modifican
"los objetos"
—si cabe la expresión—
hasta dejar de serlo,
sino que las leyes mismas
que gobiernan la naturaleza son otras:
nada tienen que ver con "el sentido común".

Así, la Ley de la incertidumbre de Heisenberg
nos dice que no se puede conocer
—de una partícula subatómica—
su posición y su velocidad
al mismo tiempo:
si conocemos su velocidad
no sabemos dónde está y viceversa.

Lo mismo sucede con la literatura.
No es lo mismo una crítica inmóvil,
un ensayo erudito, una reseña estancada…
  que un poema
que se desplaza a gran velocidad.

Los poemas son rapidísimos…

No podemos conocer
—al mismo tiempo—
su forma y su contenido.

Y si conocemos la forma de un poema
nunca sabremos exactamente
de qué está hablando.

TEORÍA DEL CAOS

I

En el principio era el caos.
Sí… tal vez. Pero, ¿qué es el caos?
Es una idea un poco extraña.

La idea de que es posible obtener
resultados completamente azarosos
a partir de ecuaciones perfectamente normales.

Pero al mismo tiempo la idea contraria:
es perfectamente posible encontrar un orden implicado
en un sistema completamente azaroso.

II

"Es que —como dijo Borges
en una larga entrevista a los 80 años—
quizá el caos sea difícil.
O imposible.

Por ejemplo,
si yo hago una enumeración caótica,
bueno, empiezo por un sustantivo…
lo cual ya es un orden.
Si usted empieza a enumerar cifras,
usted tiene que empezar por una cifra par
o por una cifra impar,
porque no hay otras.
De modo que eso ya es un orden…

Vamos a suponer
que usted hace una larga enumeración de cifras;
empieza por un número impar,
y concluye por un número impar:
ya hay una simetría.

Usted empieza por un número impar
y concluye por un número par:
ya hay un contraste,
ya no es caótica.

Las cosas tienden a la forma."

III

Una mínima diferencia
en las condiciones iniciales de un proceso
puede cambiar drásticamente
el comportamiento de un sistema a largo plazo.

Es por eso que un parpadeo de más
de las alas de la mariposa en un poema
puede desatar una catástrofe
en el desierto de Irak.

TEORÍA DEL SONIDO

Así como el mar
lleva consigo
la olas y las huellas
de todos los barcos
que por él han sido…

Así las ondas de sonido
no se extinguen nunca:
continúan desde siempre
y para siempre… son
una forma de eternidad.

TEORÍA DE LOS NÚMEROS

Alrededor de los veinte años
uno no sabe que no sabe.

Alrededor de los treinta años
uno sabe que no sabe.

Alrededor de los cuarenta años
uno no sabe que sabe.

Alrededor de los cincuenta años
uno sabe que sabe.

Aquí es donde comienza lo mejor.
Pongo como ejemplo esta fiesta:

Hace diez años
me habría ido de inmediato.

Hace veinte años
no habría entrado por nada.

Hace treinta años
no me habrían dejado entrar.

Hoy, en cambio, estoy aquí
como si los números no contaran…

Como si nada en mí o en el mundo
hubiera cambiado en realidad.

TEORÍA DEL LENGUAJE

I

El trabajo de Ludwig Wittgenstein
en el destartalado buque *Goplana*
recién capturado a los rusos
era mantener encendido
el faro buscador en la noche
para poder ver al enemigo.

La soledad de la tarea
en las oscuras aguas del Vístula
volvía más soportable
la necesidad de convivir

con los terribles compañeros
y su absurda miseria.

"No sienten entusiasmo
por nada ni por nadie…
crudos, estúpidos, maliciosos…
me cuesta trabajo discernir
que son seres humanos."

Lo mismo decía del lenguaje:
"Cuando oímos a un chino
hablando en su idioma
tendemos a considerar
su habla un balbuceo…
sin embargo, para alguien
que sí entiende el chino
es muy fácil reconocer
el lenguaje en lo que escucha."

Y luego, sombríamente
agregaba: "Del mismo modo,
a mí me cuesta reconocer
a la humanidad en el hombre."

II

El 21 de agosto de 1914
a bordo del buque *Goplana*
Ludwig Wittgenstein confesaba:
"todos los conceptos
de mi trabajo anterior
me resultan tan ajenos que…
¡ya no puedo VER nada!"

Mas a pesar de no ver nada,
en la mitad de la noche
con el resplandor de un solitario
rayo de luz intermitente,
que tatuaba dorados ideogramas
en la piel oscura del agua,
escribía su deslumbrante
Teoría pictórica del lenguaje.

Durante dos semanas febriles
en las que también leyó
el Evangelio de Tolstoi,
escribió como poseído.

La idea principal
de su nueva *Teoría*
era que las proposiciones
son como una pintura
de la realidad que describen.

En virtud de la correspondencia
entre todas y cada una de sus partes,
el lenguaje —como un modelo—
más que significar, representa.

Y así como una pintura figurativa
representa algo pictóricamente,
una proposición representa
lógicamente algo.

III

En medio de la masacre
de la primera Guerra Mundial
y al mismo tiempo

que el arte abstracto
hacía explosión en toda Europa,
Wittgenstein consiguió ver
con absoluta claridad
en ese desmadejado
enjambre de reflejos que flotaba
en las oscuras aguas del Vístula
lo que De Saussure llamó
"la red de trazas del lenguaje".

TEORÍA HOLOGRÁFICA

Si lanzamos una piedra
a un estanque en perfecta calma
después del impacto
se producen en el agua
una serie de ondas crecientes
en círculos concéntricos.

Si lanzamos otra piedra
sucede lo mismo,
generando lo que se conoce
como un "patrón de interferencia".

Un holograma fotográfico
es justamente esto…
un patrón de interferencia.

Si pudiera congelarse
el estanque en el preciso instante
en que las ondas se sobreponen,
la superficie sería un holograma.

Cuando el registro fotográfico
—el holograma— se coloca
en un haz de luz apropiado
(por ejemplo: un rayo láser)
se regenera la forma original
y aparece en el acto
una imagen tridimensional.

Lo sorprendente es que,
si el holograma se rompe,
cualquier trozo del mismo
conserva toda la información.

¡A partir de cualquiera
de sus fragmentos
es posible reconstruir
la imagen completa!

En la esfera holográfica
cada fragmento u organismo
representa —de alguna forma—
el universo entero.

Cada rizo congelado
en la superficie del estanque
lleva siempre consigo
su espacio y su tiempo:
la historia completa
de las piedras lanzadas.

Y si bien el modelo
de la placa holográfica
no tiene dimensiones en sí mismo
—¡no tiene espacio ni tiene tiempo!—
en cualquier punto de la placa
se encuentra la imagen completa.

Como dice el antiguo Sutra budista:

"En el cielo de Indra
se dice que hay una red de perlas
dispuestas de tal manera
que si miras a una
ves a todas las demás
reflejadas en ella.
Del mismo modo,
cada ser en el mundo
no es solamente él mismo,
sino que implica
a todos los demás seres
y es, de hecho, todos
y cada uno de los demás."

NOTAS

Los títulos corresponden a los poemas, y los números que introducen las notas refieren la página en la que se encuentran los versos citados.

EL HUMO DE LA MÚSICA
94: *It's a little bit funny / This feeling inside:* Elton John & Bernie Taupin, "Your Song".
95: *And in the end the love you take / Is equal to the love you make:* John Lennon & Paul McCartney, "The End".

EL BLUES DEL SAGUARO SOLITARIO
111: *Ojos de papel volando:* "El son de la negra".

FELIZ COMO UNA MUJER
128: *Feliz como una mujer:* Arthur Rimbaud, "Sensación".

EL ÁRBOL DE LOS
138: *Los:* es el Tiempo, hijo de Urizen, el creador de este mundo, y el "Espíritu de Profecía" en los grandes poemas de William Blake.

A LA LUZ DEL ALBA
147: *La llama doble:* Título de un libro de Octavio Paz.

LA AZURITA
261: *¡Cómo no va a lavar / cómo no va a planchar / la azurita todos los caos!:* Paráfrasis del poema VI de "Trilce", de César Vallejo.

MEDIODÍA DE PRIMAVERA
274: Paráfrasis de un poema de Carlos Cota.

RENGA
280: Renga escrita a fines de los años setenta en Santa María del Río, San Luis Potosí, por Pablo Arrangoiz, Tomás Calvillo, Luis Cortés Bargalló, Alfonso René Gutiérrez y el autor.

CANCIÓN DE LOS CUATRO DONES
300: *Los privilegios de la vista:* Título de otro libro de Octavio Paz.

CADÁVERES EXQUISITOS
306: El primer cadáver exquisito fue escrito por Alfonso René Gutiérrez, Víctor Soto Ferrel y el autor; el segundo, por Pablo Arrangoiz, Tomás Calvillo, Luis Cortés Bargalló y el autor; y el tercero, por Jorge Fernández Granados, Andrés King, Sergio Mondragón, Ricardo Yáñez y el autor.

SALMÓN DE LOS REGRESOS
394: El título está tomado de un verso de *Muerte sin fin,* de José Gorostiza.

EL CUMPLEAÑOS DEL POETA
411: *Cien años, / treinta y seis mil mañanas:* Koho, "Recordando a Gose Hoyen".

FORMA Y COLOR
456: *Y aún más hermoso y más que arquitectura / Piero della Francesca:* Rafael Alberti, "Blanco".

CABALLO DE VAPOR
480: *... el oro de los tiempos:* epitafio en la tumba de André Breton: *Je cherche l'or du temps.*

HOMBRE MIRANDO AL INFINITO
490: *La hacedora de prodigios:* Vasko Popa, "El caracol estrellado".

LUJO, CALMA Y VOLUPTUOSIDAD
494: El título está tomado de un verso de Baudelaire que Matisse utilizó para titular uno de sus grandes cuadros de bañistas.

HACIA EL VOLCÁN
504: *El largo y sinuoso camino:* Título de una canción de los Beatles: *The long and winding road.*

LA MISTERIOSA RECOMPENSA
530: *La misteriosa recompensa:* Título de un libro de poemas de Nelly Keoseyán, tomado a su vez de José Lezama Lima.

ÍNDICE

POEMAS TRAÍDOS DEL SUEÑO
[69]

PAISAJES EN EL OÍDO

[91]

I. *Paisajes en el oído*

II. Piedras rodantes

ROMANCES DE ULTRAMAR
[123]

I. Tú

II. *A la luz del alba*
   [143]

III. *Romances de ultramar*

MEDIO CIELO
[177]

I. Medio cielo

RELÁMPAGOS PARALELOS
[269]

I. Tradición

II. Ruptura

EL LIBRO DE LOS ANIMALES
[371]

I. Poemas con alas

II. No hay paraíso sin animales

LA HORA Y LA NEBLINA
[399]

La hora y la neblina, de Alberto Blanco, se terminó
de imprimir en febrero de 2005 en los talleres de Impresora y Encuadernadora
Progreso, S. A. de C. V. (IEPSA), Calz. San Lorenzo, 244; 09830 México, D. F. En su
tipografía, parada en el Taller de Integración Digital del FCE por *Angelina Peña Urquieta,*
se emplearon tipos Berkeley Book de 11:14 y 9:10 puntos. El cuidado
editorial estuvo a cargo del autor y de *Alejandra García.*
La edición consta de 2 000 ejemplares.